Marie-France Cyr

Die Wahrheit über die Lüge

W0417987

Für meine Freundin Josette

Lügen ist ein Spiel, das du nicht mit mir spielst
Auch nicht, um mir zu gefallen
All deine Wahrheit ist gut
Und ich möchte sie von dir hören

Marie-France Cyr

Die Wahrheit über die Lüge

Warum Menschen lügen und belogen werden wollen

Aus dem Fransösischen
übersetzt von Mareike Windel

mvg *Verlag*

Bibliografische Information der Deutschen Bibliothek
Die Deutsche Bibliothek verzeichnet diese Publikation in der Deutschen Nationalbibliografie; detaillierte bibliografische Daten sind im Internet über http://dnb.ddb.de abrufbar.

© 2003 by Les Édition de l`Homme, une division du groupe Sogides
All rights reserved
Titel des Originals: La vérité sur le mensonge
Aus dem Französischen übersetzt von Mareike Windel

Copyright © 2004 der deutschsprachigen Ausgabe bei mvgVerlag, Redline GmbH, Frankfurt/M.. Ein Unternehmen der Süddeutscher Verlag Hüthig Fachinformationen.

Alle Rechte, insbesondere das Recht der Vervielfältigung und Verbreitung sowie der Übersetzung, vorbehalten. Kein Teil des Werkes darf in irgendeiner Form (durch Fotokopie, Mikrofilm oder ein anderes Verfahren) ohne schriftliche Genehmigung des Verlages reproduziert oder unter Verwendung elektronischer Systeme gespeichert, verarbeitet, vervielfältigt oder verbreitet werden.

Umschlaggestaltung: Vierthaler & Braun Grafikdesign, München
Übersetzung: Mareike Windel
Redaktion: Kathrin Stachora
Satz: mvg, D. Ott
Druck: Himmer, Augsburg
Bindearbeiten: Thomas, Augsburg
Printed in Germany 06077/070404
ISBN 3-636-06077-5

Inhaltsverzeichnis

Danksagung

Das Schreiben eines Buches ist eine sehr einsame Tätigkeit. Daher war für mich die Zeit, in der mir Menschen für dieses Buch Einblick in ihre Erlebnisse gewährten, besonders wertvoll. Ich möchte mich bei allen bedanken, die mich während seiner Entstehung begleitet haben. Vielen Dank an Monsieur Pierre Bourdon, Lektor bei Éditions de l'Homme, für sein Vertrauen in mich, als er mich fragte, ob ich dieses Buch schreiben wollte. Danke an das ganze Team, das dafür sorgte, dass dieses Manuskript ein Buch werden konnte. Danke an meine Familie, meine Eltern, meine Freunde, meine Studenten und meine Nachbarn für ihre guten Worte, die mein Leben bereichern.

Besonderer Dank gilt meinem Vater Ghislain und meinem Bruder Daniel für ihre ununterbrochene Unterstützung. Ich danke meiner Mutter, Lise Nadeau, die mich im Sommer 2002 am Ufer des Lac Vert beherbergte. Ich konnte mich ganz diesem Buch widmen, abgesehen von gelegentlichen Unterbrechungen wie den Geräuschen des Waldes und den täglichen Besuchen von Streifenhörnchen und Waschbären. Danke an meine lieben Freunde Micheline Emond, Josette Brun und Johanne Bergeron, weil sie immer ein offenes Ohr für mich hatten und mich mit ihren Kommentaren ermutigten und aufmunterten. Ein großes Dankeschön geht an meine Freundin Marie-Lou, ebenfalls Schriftstellerin, für ihre Reflexionen über die Lüge, die Autorenzitate, die sie mir zu diesem Thema heraussuchte, und für ihren ansteckenden Enthusiasmus. Mit einem Augenzwinkern danke ich meinem Freund Louis Fournier für die anregenden Diskussionen und die exzellenten Referenzen, die er mir gab. Ein liebes Dankeschön an Dave Paré und Michel Bolduc für ihren wertvollen Beitrag. Ich danke meinem Coach Dian Carbonneau, deren Eisenhand im Samthandschuh mich motivierte, das Manuskript in beachtlichem Tempo fertig zu stellen. Danke an alle, die mir per E-Mail ihre Glückwünsche und positiven Gedanken schickten: Nicole Gratton, Carole Nadeau, Aline Nadeau, Elaine Tremblay, Jean Bianchi, Josée Sabourin, Sandra Hindson, Francine Lespérance, Colette Normandeau, Hervé Gagnon und Gérald Cayouette.

Dank an Daniel Gauvin für seine Filmvorschläge zum Thema Lüge und an Isabelle Marquis vom Videoverleih Phos für ihre wertvolle Hilfe. Schließlich ein ganz besonderes Dankeschön an alle, die mich je anlogen und so meine Überlegungen auf dem Gebiet nährten und mich zu einigen Passagen dieses Buches inspirierten. Und zum Abschluss schenke ich meiner Muse Saraswati eine hübsche Dankesgirlande auf einem silbernen Teller.

Einleitung

Der Mensch ist der Wahrheit gegenüber eiskalt.
Für die Lüge ist er Feuer und Flamme.
Jean de La Fontaine

Hatten Sie schon einmal den Eindruck, dass jemand Sie anlog, ohne dass Sie wussten, wieso? Würden Sie gerne wissen, ob Sie sich auf das verlassen können, was jemand zu Ihnen sagt? Wissen, ob derjenige, der „Ich liebe dich“ zu Ihnen sagt, Sie wirklich liebt oder ob er lügt? Je näher wir einer Person stehen, desto mehr fühlen wir uns verraten, wenn wir herausfinden, dass sie uns belügt. Nun versucht aber jeder von uns, in einer Beziehung ein gutes Bild von sich abzugeben, seinen Standpunkt zu vertreten und so wenig wie möglich zu leiden. Die Lüge ermöglicht all das. In der heutigen Welt können wir uns nicht mehr allein auf die Worte von anderen verlassen. Es gab eine Zeit, in der die meisten Menschen das gegebene Wort respektierten. Der wachsende Zynismus ist vielleicht die schlimmste Konsequenz der Lüge, die in unserer Gesellschaft überall verbreitet ist – in der Familie ebenso wie in der Schule, im Geschäftsleben ebenso wie in der Politik, in den Medien ebenso wie im Gerichtssaal.

Angesichts dieser Banalisierung der Lüge sollten all unsere Sinne wachsam sein. Egal ob wir mit einem Menschen sprechen, der an unserem Leben teilhaben will, ob wir jemanden einstellen oder unter anderen Umständen: Mit Lügen gespickte Lebensläufe und gefälschte Zeugnisse werden immer mehr zur Normalität. Nun hängt jedoch unsere persönliche Zufriedenheit zu einem großen Teil von der Offenheit der Menschen in unserer Umgebung ab. Wenn die Menschen, mit denen wir zu tun haben, weder vertrauenswürdig noch ehrlich sind, wird unser Leben zwangsläufig früher oder später davon betroffen sein. Unsere Entscheidung, eine Beziehung einzugehen oder weiterzuverfolgen, sollte auf der Beobachtung der verbalen und nonverbalen Kommunikation beruhen, die wir mit den Menschen in unserem Umfeld führen – egal ob es sich dabei um einen künftigen Lebensgefährten, einen Angestellten oder einen Chef handelt oder ob es um unseren Babysitter geht.

Eine Lüge zu entlarven ist wie einen falsch spielenden Musiker in einem Quartett herauszuhören. In der zwischenmenschlichen Kommunikation besteht das Quartett aus Worten, aus der Stimme, aus dem Gesicht und dem Körper eines jeden Gesprächspartners. Unsere Kommunikation setzt sich aus vier Komponenten zusammen. Lügen bedeutet, das Kommunikationssystem aus dem Gleichgewicht zu bringen, das harmonisch zusammenspielt, wenn wir die Wahrheit sagen. Die Lüge beinhaltet im weiteren Sinne ebenso die Verschleierung von Informationen und Gefühlen wie auch die Übermittlung falscher Informationen mit dem Ziel, jemanden zu täuschen.

Jeder lügt gelegentlich, häufiger oder sehr oft. Der durchschnittliche Erwachsene lügt zwei Mal am Tag. Viele Lügner übertreffen diesen Durchschnitt um ein Vielfaches. Um „Lügner" genannt zu werden, muss man sehr viel lügen! Jeder von uns lügt von Zeit zu Zeit, ohne jedoch ein chronischer Lügner zu sein. Ebenso manipuliert jeder von uns ab und zu, ohne ein Manipulierer zu sein. Es ist alles eine Frage der Dosierung. Jemand, der behauptet, absolut ehrlich zu sein und niemals zu lügen, hat keinen Bezug zu dem Lügner, der in ihm steckt. Er projiziert seine verlogene Seite auf andere und so ist es nicht verwunderlich, dass er immer wieder Lügner anzieht.

Dieses Buch handelt nicht von pathologischen Lügnern, die ohne Grund nur zum Vergnügen lügen und die sogar Menschen anlügen, die ihnen helfen wollen. Es beabsichtigt nicht, die Persönlichkeit von Lügnern auseinander zu nehmen oder einen Überblick über die verschiedenen Arten der Lüge zu geben. Das machen andere Bücher. *Die Wahrheit über die Lüge* handelt vielmehr von der Angewohnheit des Lügens und Verschleierns – also von unserer Neigung, unsere Gedanken und Gefühle zu verbergen, eine Neigung, die wir alle unterschiedlich stark in uns tragen. Dieses Buch möchte uns dabei helfen, unsere verlogene Seite zu verstehen, und uns lehren, wie wir Lügen von den Menschen in unserer Nähe entlarven können.

In den beiden ersten Kapiteln versuchen wir zwei große Lügenkategorien und die Gründe, die uns zur Lüge treiben, nachzuvollziehen: die Lüge aus Schutzbedürfnis und die Aufwertungslüge. Im dritten Kapitel geht es um die Regeln und Methoden der Kunst, Lügen aufzudecken. Die vier anderen Kapitel handeln von jedem einzelnen Code der menschlichen Kommunikation: dem Code der Körpersprache, des Gesichtsausdrucks, der Stimmlage und dem verbalen Code.

Die Lüge erzeugt Unstimmigkeiten in der Kommunikation. Die Worte passen nicht zur Körpersprache. Das Erkennen von Lügen beruht auf der Beobachtung von Unstimmigkeiten zwischen den Kommunikationscodes. Die besten Lügner sind die, die ihre eigenen Lügen glauben. Da ihre Körper im Einklang mit ihren Worten sind, muss man sich mit der Logik ihrer Aussagen befassen und das Behauptete überprüfen, um sie zu demaskieren. Die Beobachtung von fehlenden Zusammenhängen in den Botschaften anderer sollte das Ziel verfolgen, besser mit ihnen zu kommunizieren, und nicht, Misstrauen und Zwietracht zu säen. Wir können den anderen nicht vorwerfen, uns zu belügen, wenn sie sich selbst belügen oder sich ihrer fehlenden Harmonie und der mangelnden Übereinstimmung ihrer Worte nicht bewusst sind – ganz zu schweigen von den Widersprüchen, in denen wir alle mehr oder weniger mit uns selbst stecken.

Die Wahrheit über die Lüge soll Ihnen helfen, Lügen und versteckte und ambivalente Gefühle des anderen zu erkennen. Dieses Wissen wird Ihnen nicht nur ermöglichen, sich gegen die zu schützen, die Sie hintergehen. Vor allem können Sie so den Menschen in Ihrer Nähe aus der Verlegenheit helfen, wenn diese sich nicht trauen, ehrlich zu sein. So können sie Vertrauen entwickeln und es wagen, auszusprechen, was sie wirklich empfinden. Das Ergebnis wird eine Verbesserung und Vertiefung Ihrer Beziehungen sein, die dann umso mehr auf Offenheit und Ehrlichkeit basieren werden. Das wünsche ich Ihnen – aufrichtig!

Die Notlüge

Für mich ist die Lüge ein notwendiges Übel,
das zur allgemeinen Harmonie beiträgt.
Doch Ehrlichkeit und Aufrichtigkeit bleiben die Tugenden.
JEAN GERVAIS

Haben Sie auch schon einmal nach einem schlechten Essen behauptet, dass es köstlich war, dass das komische neue Kleid Ihrer Freundin super aussah oder dass Sie gerade etwas an eine wohltätige Organisation gespendet haben? Jeder lügt mehr oder weniger, um sich oder die anderen zu schützen. Wir lügen, um großzügig oder freundlich zu wirken. Wir lügen, um die Menschen in unserer Umgebung nicht zu bekümmern, denn wir glauben, dass die Wahrheit schmerzhaft sei. Es stimmt, dass einige Wahrheiten brutal und viele Lügen harmlos sind und dass sie sogar oft von einer gewissen Lebenskunst zeugen. Die Notlüge ist die einzige gesellschaftlich akzeptierte Form der Lüge. Die Fähigkeit, zu lügen, um jemanden zu schützen, wird von der Gesellschaft sogar positiv bewertet. Sie ist Teil der sozialen Kompetenzen, die einem Individuum ermöglichen, Erfolg zu haben und in eine höhere soziale Schicht aufzusteigen. Lügen, bei denen man einfach nicht die ganze Wahrheit sagt, oder Notlügen machen das gesellschaftliche Leben harmonischer und vermeiden Konflikte. Diese Form der Lüge dient dem Schutz unserer persönlichen Interessen und derjenigen unserer Umgebung. Wir können auch lügen, um nicht bestraft zu werden, um unser Bild von uns selbst zu bewahren oder die Gefühle eines anderen nicht zu verletzen. Die Notlüge hat ihre Gründe und ihren Nutzen, zum Beispiel den der sozialen Anpassung. Aber welches sind die Risiken, wenn wir vernünftige Grenzen überschreiten? Wenn die Lüge uns auch einen gewissen gesellschaftlichen Zusammenhalt gewährt, so schadet sie eben doch insofern, als wir dem anderen Unrecht tun.

Bevor wir nun zum Kern der Sache kommen, können Sie mit dem folgenden Test herausfinden, ob Sie zur Lüge fähig sind, um sich und andere zu schützen.

Test: Können Sie lügen, um jemanden zu schützen?

Schreiben Sie sich die Nummer jeder Frage auf ein Blatt Papier und notieren Sie dahinter die Antwort, die Ihrer Reaktion in den folgenden Situationen am nächsten kommt:

1. Sie haben vergessen, den Radiowecker zu stellen, und erscheinen eine Stunde zu spät zur Arbeit.
   a) Sie behaupten, dass ein Stromausfall Ihren Radiowecker ausgeschaltet hat.
   b) Sie erzählen Ihrem Chef, dass ein Bombenalarm durchgegeben wurde und Sie einer Frau geholfen haben, die in Ohnmacht gefallen war.
   c) Sie geben Ihre Nachlässigkeit zu und hoffen, dass es nicht wieder vorkommt.

2. Als Sie von der Arbeit heimkommen, fällt Ihnen plötzlich ein, dass Ihr Partner oder Ihr Kind Geburtstag hat.
   a) Sie erzählen, dass Ihr Kollege geglaubt habe, es sei sein Geschenk, weil er auch Geburtstag hatte, und dass Sie es dann ihm geben mussten.
   b) Sie sagen, dass das Geschenk im Auto lag und gestohlen wurde.
   c) Sie geben zu, dass Sie den Geburtstag vergessen haben, und laden Ihren Partner oder Ihr Kind zur Entschuldigung in sein Lieblingslokal ein.

3. Nach der Arbeit stehen Sie an, um sich für einen Kurs in der Volkshochschule anzumelden. Sie beobachten, dass die Arbeitslosen 25 Prozent Rabatt auf die Anmeldegebühr bekommen.
   a) Sie geben an, dass Sie Arbeitslosengeld bekommen, aber die Papiere nicht bei sich haben.
   b) Sie behaupten sehr entschieden, dass Sie arbeitslos sind.
   c) Sie zahlen den vollen Preis, weil Sie ja Arbeit haben.

4. Ihre Schwester oder Ihre Freundin, die in letzter Zeit etwas zugenommen hat, fragt Sie, ob ihre neue Hose sie wirklich dicker aussehen lässt. Sie finden schon, aber:
   a) Sie versichern ihr das Gegenteil, indem Sie sagen: „Aber nein, sie steht dir sehr gut."
   b) Sie sagen, dass Sie es schlecht erkennen können, dass Sie eine neue Brille brauchen, und bitten sie, jemand anders nach seiner Meinung zu fragen.
   c) Sie rufen aus: „Ja, aber es ist doch okay, weibliche Formen zu haben!"

5. Im Auto fahren Sie über die Ampel, die gerade rot wird. Ein Polizist hält Sie an. Sie sagen ihm:
   a) „Die Ampel wurde von den Blättern des großen Baumes verdeckt. Ich konnte sie nicht sehen. Die Stadt sollte die Äste absägen, das ist wirklich gefährlich!"
   b) „Ich bin die Nichte des Bürgermeisters. Können Sie mir eine Warnung ausschreiben? Ich werde beim nächsten Mal besser aufpassen."
   c) „Es tut mir Leid, Herr Polizist, aber ich habe es zu spät gesehen, um noch zu bremsen."

6. Sie sind bei Freunden zum Abendessen eingeladen, die ein sehr „originelles“ Rezept erfunden haben: Garnelen mit Blaubeeren auf Endiviensalat ...
   a) Sie zwingen sich dazu, die lilafarbenen Garnelen zu essen, versuchen an etwas anderes zu denken und behaupten, dass es absolut köstlich sei.
   b) Sie erklären, dass Sie „leider“ allergisch gegen Meeresfrüchte sind.
   c) Sie sagen, dass es eine eigenartige und seltsame Mischung ist.
7. Auf einer Reise versuchen Sie um ein Schmuckstück zu feilschen, das Ihnen gefällt, aber der Verkäufer weigert sich, mit dem Preis herunterzugehen.
   a) Sie geben ihm die Summe, die Sie bereit sind zu zahlen, und behaupten, dass das Ihr letztes Geld sei.
   b) Sie tun so, als wollten Sie sich mit ihm verbünden, und sagen: „Hören Sie, das Geschäft da drüben bietet es mir billiger an, aber da ich Sie sympathisch finde, möchte ich es lieber hier kaufen.“
   c) Sie geben zu, dass es Ihnen zu teuer ist.
8. Sie sind mit Ihrem Kind in einem Einrichtungsgeschäft und es streift eine gläserne Glocke. Der Verkäufer sagt ihm, dass es nichts anfassen soll. Sie sagen ihm, dass Ihr Kind noch nie etwas heruntergeworfen hat. Doch ausgerechnet dann zerbricht es den Kopf einer kleinen Figur, während der Verkäufer mit einem anderen Kunden beschäftigt ist.
   a) Sie tadeln es leise und verstecken die Figur unter einem Stapel Sets.
   b) Sie tun so, als hätten Sie nichts gesehen, nehmen Ihr Kind an die Hand, verabschieden sich von dem Verkäufer und verlassen das Geschäft.
   c) Sie gehen zerknirscht mit der Figur zu dem Verkäufer und sagen noch einmal, dass Ihr Kind vorher noch nie etwas in einem Laden kaputt gemacht hat.

9. Sie haben den Eindruck, dass die Kassiererin Ihnen zu viel zurückgegeben hat.
   a) Sie zählen es nicht sofort nach, weil Sie der Meinung sind, dass es an ihr ist, das nachzuprüfen.
   b) Sie stecken das Geld schnell ein und hoffen, dass sie sich wirklich verzählt hat.
   c) Sie zählen es nach und geben ihr das überschüssige Geld zurück.

10. Sie grübeln über ein Problem in der Arbeit nach. Ihr Partner will mit Ihnen schlafen und Sie willigen ein, aber Sie können sich nicht entspannen und Ihre Probleme nicht vergessen. Der Sex gefällt Ihnen zwar, aber Sie kommen nicht zum Höhepunkt. Ihr Partner fragt Sie, ob Sie einen Orgasmus hatten. Sie antworten:
    a) „Ich fühle mich echt gut", und hoffen, dass er glaubt, das solle „ja" heißen.
    b) „Ja, es war spitze!"
    c) „Nein, ich hatte den Kopf mit dem Ärger in der Arbeit voll."

Zählen Sie die a), b), c) bei den ungeraden Fragen (1, 3, 5, 7, 9) und bei den geraden Fragen (2, 4, 6, 8, 10). Bei den ungeraden Fragen geht es um den Schutz Ihrer selbst und die geraden Fragen betreffen den Schutz der anderen.

Ungerade Fragen

Sie haben a) am häufigsten angekreuzt: Sie sind in der Lage, zu lügen, um Ihre Interessen zu vertreten oder Ihren guten Ruf zu schützen. Sie bleiben dabei höflich und Ihre kleinen Lügen bergen immer auch einen Funken Wahrheit.

Sie haben b) am häufigsten angekreuzt: Sie können lügen, um sich zu schützen. Sie übertreiben dabei jedoch und riskieren, dass man Ihnen nicht glaubt. Ihre Lügen können zu einer Gefahr für Sie werden, wenn Ihre Fantasie zu oft mit Ihnen durchgeht.

Sie haben c) am häufigsten angekreuzt: Sie sind aufrichtig und integer – davon abgesehen, dass Sie sich gelegentlich selbst belügen! Sie sollten sich nicht zu sehr um die Meinung der anderen kümmern. Vorsicht ist jedoch geboten, wenn Sie an Ihrem Ruf als ehrbare Person hängen und Lügner zu ernsthaft verurteilen. Das könnte Sie auch einmal in eine unangenehme Situation bringen.

Gerade Fragen

Sie haben a) am häufigsten angekreuzt: Sie können unterschiedlich stark lügen, um die Interessen oder das Selbstwertgefühl der Menschen um Sie herum zu schützen. Sie kennen die Regeln der Lebenskunst und ziehen der manchmal schmerzhaften Wahrheit eine kleine wohltätige Lüge vor.

Sie haben b) am häufigsten angekreuzt: Sie können lügen, um andere zu schützen, nehmen es aber in Ihren zwischenmenschlichen Beziehungen mit der Integrität nicht immer so genau. Machen Sie sich hier nicht zu viele Gedanken um die anderen? Weniger wären wahrscheinlich besser.

Sie haben c) am häufigsten angekreuzt: Sie lügen nicht, um Ihre Umgebung zu schützen – entweder, weil Sie nicht lügen können oder weil Sie Integrität und Aufrichtigkeit über den Schutz des Selbstwertgefühls anderer Menschen stellen. Gehen Sie aber sicher, dass Sie nicht zu brutal sind, wenn Sie Ihre Wahrheit sagen.

Der Schutz der Interessen

Unzählige Lügen werden Tag für Tag ausgesprochen – mit dem alleinigen Ziel, die Interessen derer, die lügen, oder ihrer Mitmenschen zu vertreten. Die ehrbarste Lüge dient dem Schutz eines Menschenlebens. Im Zweiten Weltkrieg hat die Gestapo zahlreiche Notlügen von Menschen gehört, die Juden versteckten. Der Film *Dekalog Nr. 8* von Krysztof Kieslowski[1] erzählt die Geschichte einer Jüdin, die fälschlicherweise glaubte, dass eine Lehrerin sich 1943, als die Jüdin sechs Jahre alt war, geweigert hatte, sie zu verstecken, um nicht lügen zu müssen. Nicht lügen ist für die Christen ein göttliches Gebot. Was ist schlimmer: lügen, um ein Kind zu retten, oder die Wahrheit sagen und an seinem Tod mitschuldig sein? Diese philosophische Frage thematisiert der Film.

In dem Roman *Und wenn du nicht die Wahrheit sprichst* von Lisa Scott beschuldigt sich ein Anwalt, seine Frau ermordet zu haben, um seine Tochter zu schützen, denn er glaubt, dass sie seine Frau getötet hat. Da die Handlung in den USA spielt, riskiert er damit die Todesstrafe. Mit seiner Lüge opfert er seine Freiheit und riskiert sogar sein Leben, um das seiner Tochter zu schützen.

Persönliche Interessen

Andere Arten der Lüge dienen weniger noblen Motiven als dem Schutz des Lebens: zum Beispiel der Verteidigung persönlicher Interessen. Wir lügen, um mehr Geld zu verdienen, um eine Stelle zu bekommen, um uns politisch in ein gutes Licht zu setzen ... Wir lügen, um etwas nicht zu verlieren: Kontakte, Wertsachen, Geld usw. Wir lügen oft, weil die Aussicht auf einen Gewinn uns lockt oder um Vorteile und Privilegien zu bekommen. In einem Artikel über das Gesundheitssystem in Québec fordert beispielsweise eine Journalistin die Leute auf, zu lügen, um schneller bedient zu werden: „Lügen Sie! Sagen Sie, dass Sie Ihr Hausarzt schickt (am besten ein Arzt, der Sie bereits ein- oder zweimal untersucht hat). Das kann die Dinge beschleunigen. Sagen Sie, dass Sie die Überweisung vorbeibringen wer-

1 Eine Liste von Filmen, die das Thema Lüge behandeln, finden Sie im Anhang dieses Buches auf Seite 185.

den."[2] Sie ermutigt uns, zu lügen, um ein persönliches Interesse zu schützen, das uns sehr am Herzen liegt: unsere Gesundheit. Der Schutz persönlicher Interessen betrifft alle Bereiche, die beruflichen ebenso wie die privaten.

Die Lüge in der Geschäftswelt

Die Geschäftswelt durchlebt eine schwere Krise seit der Enron-Affäre und den damit in Zusammenhang stehenden Skandalen, durch die die Chefs großer Firmen wie Xerox, IBM, WorldCom, Global Crossing, Corel, Vivendi, Cinar usw. kompromittiert wurden. In einer Welt, in der sich alles um den Profit dreht und in der die Aktionäre Könige sind, haben sich die gefälschten Bücher vervielfacht. Sie sollen Verluste vertuschen. Mit der wachsenden Anzahl der Delikte und der sehr kreativen Buchhaltung – ein falscher Begriff, der statt „Betrug" verwendet wird – werden die Aufrichtigkeit und die Integrität des Unternehmertums ernsthaft erschüttert. Der normale Investor fühlt sich von der Geschäftswelt verraten und verkauft. Die am weitesten verbreitete Lüge: Jeder kann reich werden. Die schockierende Wahrheit laut Marcel Côté, Chef der Secorgruppe: „Es kommt nicht selten vor, dass wir Firmenchefs 200- bis 400-mal so viel Gehalt bekommen wie die schlechtestbezahlten Mitarbeiter unseres Unternehmens."[2] In Europa variieren diese Verhältnisse zwischen 20- und 40-mal so viel.

---

2 Véronique Robert: *Système de santé: petit guide de santé*. Châtelaine, Januar 2002, S. 44.
3 Diane Bérard: *Cupidité inc.* Commerce, August 2002, S. 32–36.

Recherchen zeigen, dass wir Fremde häufiger belügen als Menschen aus unserem Umfeld und Menschen, die dieselben Werte und dieselbe Kultur haben wie wir. Wir lügen mehr, wenn sich uns die Gelegenheit dazu bietet und wenn das Risiko, entdeckt zu werden, gering ist. In dem Film *La vérité si je mens* wird eine der Hauptpersonen, Eddy, von zwei Männern zusammengeschlagen. Er wird von einem Juden gerettet, der denkt, dass Eddy auch Jude ist, weil er in seiner Nähe eine Kette mit einem Davidstern gefunden hat. Nun gehört diese Kette aber einem der Angreifer. Eddy vertraut seinem Retter an, dass ihm alles gestohlen wurde, was er noch hatte, und dass er seinen Job verloren hat. Der Mann, ein Firmenbesitzer, stellt ihn bei sich an. Er gibt ihm die Kette zurück und gibt ihm zu verstehen, dass Juden zusammenhalten. Eddy erzählt ihm nicht die Wahrheit. Er tut so, als ob die Kette ihm gehöre. Er lügt, weil er eine Arbeit braucht, um Geld zu verdienen. Von diesem Moment an muss er immer weiter lügen, um mehr Geld zu verdienen und seine neuen Freunde zu behalten. Später, als er selbst Firmenbesitzer ist, offenbart er sich ihnen als Nichtjude und hört auf zu lügen. Er muss nun nicht mehr die Tatsachen verfälschen, um seine finanziellen Interessen zu vertreten.

Die Interessen der anderen

Viele Personen, die nicht im eigenen Interesse lügen, würden nicht zögern, zu lügen, um die Interessen ihrer Mitmenschen zu schützen. Jeder von uns hat schon einmal gelogen, um finanzielle, schulische oder berufliche Interessen seiner Mitmenschen nicht zu gefährden. Jean Gervais, Professor in der Abteilung für psychologische Fragen in der Erziehung an der Universität Québec in Ottawa, hat die Lüge eingehend studiert, vor allem an Kindern. Er unterteilt Lügner, wozu wir alle gehören, in zwei Kategorien, die zwei Persönlichkeitstypen entsprechen. Die, die zur ersten Kategorie gehören, suchen das Vergnügen und pfeifen auf die Anerkennung der anderen. Sie haben keine Schuldgefühle, wenn sie lügen. Sie lügen, um etwas zu erhalten, mehr Geld zu verdienen, Macht über andere zu erlangen. Ich denke, dass ihre Lügen hauptsächlich dazu dienen, ihre persönlichen Interessen zu vertreten. Zur zweiten Kategorie gehören diejenigen, die dem Schmerz entkommen wollen, die lügen, um nicht leiden zu müssen oder anderen nicht wehzutun. Sie lügen, um zu gefallen, gemocht zu werden und um sich vor einer möglichen Zurückweisung zu schützen. Meiner Meinung nach ist dieser Typ anfälliger für die Lüge, um sein Image aufrechtzuerhalten oder die Interessen anderer zu vertreten. So lügt er, um zu verhindern, dass sein Kind seinen Ferienjob verliert, weil es verschlafen hat, oder dass es eine Prüfung nicht schafft, weil es nicht gelernt hat. Nun helfen wir unseren Kindern jedoch nicht dabei, vernünftig zu werden, indem wir ihnen Verantwortung abnehmen. In einem Land führt der Wunsch, die Heranwachsenden vor sexuell übertragbaren Krankheiten und ungewollten Schwangerschaften zu schützen, zu Lügen und Übertreibungen. In den USA basiert der Lehrplan des Aufklärungsunterrichts in den meisten Staaten auf der Proklamation der Abstinenz, außer in Kalifornien. Die Journalistin Judith Levine hat ein umstrittenes Buch[4] geschrieben. Es befasst sich mit den Gefahren, die vom derartigen Schutz der Kinder vor Sexualität ausgehen. Sie sagt offen, dass die jungen Leute belogen werden, wenn man ihnen erzählt, es sei gefährlich, vor der Ehe Sex zu haben. Dennoch hat im Hinblick auf Sexualität das Suchen eines Verantwortlichen einen wesentlich besseren Nachgeschmack als Lüge und Schuldzuweisung ...

Im kleineren Maßstab kommt es schon einmal vor, dass wir am Telefon lügen, um jemanden zu schützen: Wir sagen, dass unser Partner nicht da sei, weil er nicht gestört werden will, während er in seiner Werkstatt bastelt. Viele Sekretärinnen lügen, weil ihr Chef Zeit für sich braucht, um nachzudenken oder sich zu entspannen. Um den Gesprächspartner, der eine wichtige Information hat, nicht vor den

4 Judith Levine: *Harmful to Minors: The Perils of Protecting Children from Sex*. University of Minnesota Press, Minneapolis 2002.

Kopf zu stoßen, sagen sie, dass ihr Chef in einer Besprechung sei. Diese Art Lügen wäre nicht mehr nötig, wenn jeder von uns lernen würde, seine Grenzen festzustecken und zu seinem Zeitbedürfnis zu stehen. Wenn wir uns zugestehen, etwas zu tun oder uns zu entspannen, ohne dabei gestört zu werden, können wir eher die Wahrheit sagen, ohne die Reaktionen und Manipulationen von anderen fürchten zu müssen. Zu viele Menschen glauben immer noch, dass es egoistisch sei, so zu handeln – vor allem Mütter denken das. Aber wie wollen Sie auf die Bedürfnisse Ihrer Mitmenschen eingehen, wenn Sie nicht einmal Ihre eigenen berücksichtigen? Wie sagt es doch die Bibel so richtig: Liebe dich selbst wie deinen Nächsten.

Die mütterliche Fürsorge – oder vielmehr die Gesellschaft, die die Frauen aufstachelt, ihre Kinder übertrieben zu schützen – scheint viele Mütter zum Lügen zu bewegen, um ihre Nachkommenschaft in Schutz zu nehmen. Nehmen wir das Beispiel einer Mutter, die gelogen hat, als sie sagte, dass ihre sechsjährige Tochter krank wäre und deshalb nicht zur Schule kommen könnte. Die Wahrheit? Sie nahm sie zu einem Theaterstück in einem Kindergarten mit, in dem ihre Patentante mitspielte. Im folgenden Beispiel ging eine Mutter so weit, die Väter ihrer Kinder zu belügen, indem sie ihnen nicht erzählte, dass sie die Väter sind. Man muss sich in die Situation hineinversetzen, um den Sinn dieser Lügen besser zu verstehen.

Der Fall einer Lüge, um jemanden zu schützen

Léonne wurde von einem perfektionistischen und strengen Vater aufgezogen. Er schnüffelte in ihren persönlichen Sachen herum und warf ihr ständig vor, gegen die Regeln, die er aufstellte, verstoßen zu haben. Bis sie 14 Jahre alt war, verging fast kein Tag, an dem er sie nicht ohrfeigte und schlug. Mit 15 wurde sie von Karim, einem Klassenkameraden, schwanger. Sie sagte ihm nicht, dass sie schwanger war. Als ihr Sohn zehn Monate alt war, sah Léonne Karim wieder. Er fuhr im Auto an ihr vorbei und bot ihr an, sie mitzunehmen.

Er betrachtete ihren Sohn und fragte Léonne: „Er sieht mir ähnlich, oder nicht? Bin ich sein Vater?" Das junge Mädchen sah ihn an, ohne mit der Wimper zu zucken, und erwiderte: „Nein." Ein ruhiges und bestimmtes Nein. Dann dankte sie ihm und stieg aus dem Wagen. Sie sah ihn nie wieder. Als ihre Freundinnen sie fragten, warum sie den Vater ihres Kindes angelogen hätte, sagte sie, sie wolle nicht, dass er sich in ihr Leben einmischte. Vor allem wollte sie nicht, dass Karim gewalttätig würde, wie ihr eigener Vater es gewesen war, und dass er seinen Sohn schlagen würde. Zwei Jahre später wurde Léonne von einem Mann in den Vierzigern schwanger. Einmal mehr gab sie nicht zu, dass er der Vater ihrer Tochter Jacinthe war. Acht Jahre später lud er sie zu seinem 50. Geburtstag ein. Auf einmal wollte sie ihm von seiner Vaterschaft erzählen. Aber sie stellte fest, dass er betrunken war. Wieder fürchtete sie Gewalttätigkeiten, wenn sie ihn in ihr Leben zurückholen würde. So beschloss sie, die Wahrheit weiterhin zu verschweigen. Sie log die Väter ihrer beiden Kinder an – einmal, indem sie nicht die Wahrheit sagte, und einmal ganz direkt –, um ihre Kinder zu schützen. Im Fall von Léonne ist die Angst vor der männlichen Brutalität größer als das Bedürfnis, diesen beiden Männern zu erzählen, dass sie Vater geworden sind.

Eine Strafe vermeiden

Alle Kinder lügen hin und wieder, um einer Bestrafung zu entgehen. Diese Art der Lüge kommt auch bei Erwachsenen vor, aber sie ist nicht der Hauptgrund, warum sie lügen. Für Kinder hingegen ist das Vermeiden einer Bestrafung das Hauptmotiv, um zu lügen, noch bevor sie sprechen können. Ein Baby lügt auf seine Weise, wenn es aufhört, mit der Handtasche der Mutter zu spielen, sobald sie den Raum betritt. Wenn ein Kind etwas kaputt macht, ist immer der Bruder, die Schwester oder die Katze schuld. Ein Kind lügt, damit man es nicht als ungezogen oder boshaft ansieht. Es lügt, damit es weiterhin geliebt wird. Es lügt, weil es unbedingt von denen akzeptiert werden will, die es liebt. Wenn wir seine Fehler nicht akzeptieren, zwingen wir es dazu, sie zu vertuschen. Es sieht sie also als Verfehlungen an, die es verheimlichen muss. Es lügt, um sie nicht zu zeigen und sich eine Strafe zu ersparen.

Mehrere Untersuchungen haben ergeben, dass viele kleine Kinder sich aus Angst, bestraft zu werden, nicht trauen, Lügen zu erzählen. Mit dem Größerwerden verliert sich diese Furcht, und sie sind nun mehr und mehr davon überzeugt, dass es wichtig ist, immer aufrichtig zu sein. Im Allgemeinen erzählen sie, je älter sie werden, immer weniger Lügen im Kreis ihrer Familie. Ist dies nicht der Fall, kann das ein Indikator für soziale und familiäre Anpassungsprobleme sein. Es ist gut möglich, dass die Fähigkeit eines Kindes, zu lügen oder andere Lügner zu entlarven, umso größer wird, je mehr es von Lügnern umgeben ist und selbst lügt. Was ein Kind zum Lügen antreibt? Die Erkenntnis, dass es die Fähigkeit, zu lügen, besitzt, die Aussicht auf eine Belohnung und die Wahrnehmung, dass es für den anderen schwierig, ja sogar unmöglich ist, seiner Lüge auf die Schliche zu kommen. Sogar die Erwachsenen denken zweimal darüber nach, bevor sie jemanden belügen, der sie durchschauen könnte!

Die Eltern haben einen wesentlichen Einfluss darauf, wie Kinder Aufrichtigkeit erlernen. Studien zeigen, dass die Unaufrichtigkeit von Eltern ein guter Indikator für die der Kinder ist. Leider garantiert die Aufrichtigkeit von Eltern nicht, dass ihre Kinder es auch sind! Letztere können von ihren Freunden zum Lügen angestachelt werden. Andererseits riskieren Eltern, die zu streng sind und ihr Kind immer bestrafen, sobald es einmal von ihrer Norm abweicht, aus ihm einen Erwachsenen zu machen, der Autorität fürchtet und lügt, um einer Bestrafung zu entgehen. In diesem Fall lügt das Kind, um die Kluft zu verringern zwischen dem, wie es ist, und dem, wie seine fordernden Eltern es haben wollen. Strenge Eltern lehren ihr Kind, ohne es zu beabsichtigen, dass die erfolgreiche Täuschung ein hervorragendes Mittel ist, um das zu bekommen, was man möchte. Eltern, die zum

Petzen unter Kindern ermutigen, können sie zum Lügen antreiben und sie folglich dazu bringen, sich gegeneinander zu verschwören. Was für eine große Verantwortung für Eltern! Sie sollten lernen, zwischen der Gelegenheitslüge und der systematischen Lüge zu unterscheiden und je nach Fall zu reagieren. Wenn die Bestrafung für das Kind nicht leichter ausfällt, obwohl es seine Untat zugibt, ist es nachvollziehbar, wenn es weiterhin lügt. Eltern, die ihren Kindern erklären, dass die Lüge das Vertrauen zwischen Menschen zerstört, werden mehr Erfolg haben als die, die streng und systematisch bestrafen. Das familiäre und gesellschaftliche Leben wäre unerträglich, wenn jeder ständig dem anderen misstrauen würde. Jean Gervais hat drei Faktoren benannt, die auch bei Kindern die Flucht in die Lüge reduzieren können: 1) eine elterliche Haltung, die das Lösen von Problemen erleichtert, 2) das Verhandeln über Lösungen und 3) die Möglichkeit, einen anderen Standpunkt als die Eltern zu vertreten. In diesem Kontext wird das Kind dazu ermutigt, aufrichtig zu sein, und im Normalfall mit dem Lügen aufhören.

Aufrichtigkeit und Verantwortung lernt man von Kindesbeinen an. Indem wir die Folgen unseres Handelns auf uns nehmen und die Lektionen aus unseren Fehlern lernen, werden wir erwachsen und zu verantwortungsbewussten Menschen. Die Abstimmung zwischen den Erwachsenen, die entscheiden müssen, ob sie streng sind oder nicht, ist sehr wichtig, um beim Kind nicht Verwirrung zu stiften. Das nun folgende persönliche Beispiel zeigt, wieso.

Ein persönlicher Fall, in dem ich für meine Ehrlichkeit erst belohnt und dann bestraft wurde

Als ich acht Jahre alt war, habe ich mich zusammen mit meinem Bruder Normand und unserem Cousin François mit Schokolade voll gestopft, die eigentlich für unsere Gäste bestimmt war. Wir waren bei meiner Tante Marjolaine und sie verdächtigte uns, die Schokolade gestohlen zu haben. Normand und François logen, aber ich gab unsere Missetat zu. Meine Tante wollte, dass ich ihr die Hände hinhalte, damit sie mich schlagen konnte. Ich gehorchte. Sie schlug mich dann doch nicht, um mich für meinen Gehorsam zu belohnen. Dafür wurden die Jungen bestraft, weil sie gelogen hatten, obwohl sie damit doch gerade eine Bestrafung hatten vermeiden wollen. Sie fanden es ungerecht und wollten wissen, warum ich nicht bestraft worden war. Marjolaine entgegnete: „Meine Mutter hat mir beigebracht, dass ein zugegebener Fehler zur Hälfte verziehen wird." Mein Vater schimpfte uns abends für einen anderen Blödsinn, den wir angestellt hatten. Ich hielt ihm die Hände hin, weil ich dachte, dass ich so wieder der Bestrafung entgehen könnte. „Du willst geschlagen werden? Kannst du haben!", sagte er und schlug mir auf die Hände. Mein Bruder machte sich über mich lustig und zeigte mit dem Finger auf mich. Ich konnte das Verhalten der Erwachsenen nicht verstehen. Erst wurde ich belohnt, weil ich die Wahrheit gesagt hatte, dann wurde ich aus demselben Grund bestraft. Mein Vater erklärte mir dann, dass das Geständnis die Bestrafung nicht aufhebt. Er sagte mir, dass ein Mörder, der seine Tat gesteht, deshalb nicht vom Gefängnis verschont bleibt. Er hatte Recht! Deshalb haben wir Kinder ihm auch nicht all unsere kleinen Streiche erzählt ...

Wie man das Bild von sich schützt

Dem berühmten Psychologen Carl G. Jung verdanken wir das Verständnis des Begriffs „Persona": „Seit Jung steht der Begriff ‚Persona' ganz klar für das soziale Ich als Ergebnis der Anstrengungen, sich den gesellschaftlichen, moralischen und erzieherischen Normen seiner Gesellschaftsschicht anzupassen."[5] Die soziale Maske, die ein jeder von uns aufsetzt, ermöglicht ihm, seine Beziehungen zu anderen harmonisch zu gestalten. Das geschieht jedoch auf Kosten der Origi-

5 Jean Monbourquette: *Apprivoiser son ombre: le côté mal aimé de soi.* Novalis, Montréal 2001, S. 14.

nalität und Ganzheit seiner Persönlichkeit, da die weniger edlen Teile ja in den Schatten verbannt werden. In der Tat ist jeder von uns gewissen Charakteristika seiner Persönlichkeit, mit denen er sich identifiziert – wie Großzügigkeit, Geduld, Intelligenz – mehr verhaftet als anderen, von der Gesellschaft weniger hoch angesehenen.

Wir halten uns viel mit den Eigenschaften auf, von denen wir meinen, dass sie uns definieren. Das Bestreben, ein gutes Bild von sich abzugeben, erklärt viele Lügen. Eine Frau, die sich großzügig geben will, kann im Hinblick auf die Höhe ihrer Spende an eine wohltätige Organisation lügen. Ein Kind, das als gehorsam gelten will, wird eher lügen als seinen Ungehorsam zugeben. Ein Mann, der sich als kultiviert ansieht, kann hinsichtlich seiner Kenntnis von einem Ereignis lügen oder behaupten, einen Autor gelesen zu haben, von dem er noch nie auch nur ein Buch aufgeschlagen hat. Wenn wir uns das Recht einräumen, Fehler zu machen, ohne zu befürchten, als dumm zu gelten, werden wir nicht mehr so viel des äußeren Scheins wegen lügen.

Wir lügen auch oft, um das Bild der anderen zu wahren, ihnen zu ersparen, das „Gesicht zu verlieren“, wie es die Redewendung so schön sagt. Und dennoch, wenn jemand die Maske fallen lässt, um sein wahres Gesicht zu entdecken, wird er mehr Sicherheit gewinnen, denn auch die anderen haben Schwächen und Ängste. Die „Persona“ kann uns dabei helfen, unsere Intimität und unsere Verletzlichkeit in der Öffentlichkeit vor Leuten, die wir gar nicht oder wenig kennen, zu schützen. Aber es ist tragisch, seine Maske immer aufzubehalten, bis in persönliche oder intime Beziehungen hinein, wie es bei Josée der Fall ist.

Lügen, um das Bild von sich aufrechtzuerhalten

So weit sie zurückdenken kann, neigte Josée immer zum Lügen. Als junges Mädchen lud sie einmal abends ihren Freund zu sich ein, als ihre Eltern aus waren. Ihre Mutter wurde misstrauisch, weil das Haus bei ihrer Rückkehr picobello sauber war, aber Josée log sie an. Sie wollte ihr Bild des reinen und unschuldigen jungen Mädchens wahren.

Sie fürchtete, dass ihre Eltern sie als schamlos ansehen würden. Als sie verheiratet war, log sie ihren Gatten aus demselben Grund an. Man muss dazu sagen, dass ihr Mann sie, als sie zum ersten Mal schwanger wurde, mit negativen Kommentaren über ihre Figur niedermachte. Tatsächlich hatte Josée Schwangerschaftsdiabetes bekommen. Sie musste also ihren Zuckerkonsum reduzieren. Daher überwachte ihr Ehemann sie ständig. Josée fühlte sich sehr eingeengt. Sie gibt heute zu, dass sie aus Frust aß, sobald ihr Mann morgens das Haus verließ. Bei den gemeinsamen Mahlzeiten aß sie so gut wie gar nichts und behauptete, keinen Appetit mehr zu haben. Ihr Mann wurde misstrauisch, denn ihr Zuckerspiegel blieb erhöht. Eines Tages entdeckte er den Betrug: einen Haufen leerer Schokolade- und Bonbonpapiere. Er wurde wütend! Josée hatte ihn aus Angst, als Wesen ohne Willen und Stolz angesehen zu werden, belogen. Sie hatte gefürchtet, von ihm herabgewürdigt und verletzt zu werden. Ihre Lügen ermöglichten ihr, ihr Image zu wahren. Als ihr Partner sie verletzte, indem er sie als dick bezeichnete, fühlte sie sich hässlich und nicht mehr begehrenswert. Ihr Selbstwertgefühl sank in den Keller. Sie belog ihren Mann auch aus anderen Gründen: aus finanzieller Unsicherheit, aus Angst, verlassen zu werden. Vor ihrer Niederkunft war sie von ihrem Partner abhängig, der ihren Lebensunterhalt bestritt. Später trennten sie sich. Danach gab Josée viel Geld für Partnerschafts-Hotlines aus, weil sie sich allein fühlte. Sie wollte spüren, dass sie noch begehrenswert war. Ihrer Aussage nach waren die Gespräche, die sie führte, ihrem Selbstbewusstsein sehr förderlich, der Preis dafür war jedoch sehr hoch. Sie musste sich von ihren Eltern und ihren Freundinnen Geld leihen und belog sie angesichts des Grundes ihrer finanziellen Schwierigkeiten. Wieder hatte sie Angst, verurteilt und weniger geliebt zu werden. Als schließlich alles aufflog, waren ihre Angehörigen sehr schockiert, dass sie sie belogen hatte. Sie verstand sie, log aber weiter, um sich zu schützen, aus Angst, ihre Lieben zu enttäuschen und von ihnen zurückgewiesen zu werden. Mit der Zeit machte Josée sich krank. Die

Tragweite ihrer Lügen führte zu einer enormen Anspannung in ihr. Ihr Körper und ihre Seele konnten diesen ständigen Stress nicht mehr aushalten. Als sie für dieses Buch ihre Geschichte erzählte, lag sie noch im Krankenhaus.

Lügen und Gerechtigkeit

Schwören Sie, die Wahrheit zu sagen und nichts als die Wahrheit? Sagen Sie: „Ich schwöre es." Alle Menschen, die vor Gericht aussagen, werden vereidigt und müssen auf die Bibel schwören, die Wahrheit zu sagen. Alle, die trotz ihres Eides lügen, begehen eine Straftat, die so schwer wiegend ist, dass sie mit Gefängnis bestraft wird. Es gibt also bei Gericht, wo die Justiz waltet, keine Lügen? Man muss schon sehr naiv sein, um das zu glauben ... Der Chronist Yves Boisvert sagt, dass er in unserem Rechtssystem „Menschen, die über jeglichen Verdacht erhaben waren und keine gerichtliche Vorgeschichte hatten, ohne die geringste Scham"[1] lügen sah.

Während des Prozesses der großen amerikanischen Tabakfirmen schworen sämtliche Geschäftsführer auf die Bibel, dass sie nicht wussten, dass Nikotin abhängig machen kann. Die Anwälte der Anklage zeigten Dokumente, die nicht nur bewiesen, dass sie es wussten, sondern dass sie sich sogar untereinander absprachen, die Zigaretten mit mehr Nikotin zu versehen, und dass sie außerdem Kinder zum Rauchen anstifteten.

In der Matticks-Affäre 1995 wurden die Anklagen wegen Haschisch-Einfuhr gegen sieben Personen aufgrund falscher Beweise und Aussagen von Polizisten fallen gelassen. Nach einer internen Untersuchung der Firma Sûreté du Québec wurden diese Polizisten angeklagt und dann aus dem Dienst entlassen.

---

6 Yves Boisvert: *Le diable ne ment pas toujours*. La Presse, 8. Mai 2002.

1994 wurde der Psychologe Jean Gagnon infolge einer Anklage wegen eines sexuellen Übergriffs entlassen. Vier Jahre später beschuldigte ihn das mutmaßliche Opfer von neuem. Gerichtsmedizinische Untersuchungen zeigten eindrucksvolle Verletzungen an den Brüsten. Das Leben dieses Psychologen, eines gewöhnlichen Familienvaters, wurde wieder auf den Kopf gestellt. Er verlor seinen Ruf, seine Stelle und seine Gesundheit. Neun Jahre nach der ersten Beschuldigung gab die junge Frau vor Gericht zu, dass sie gelogen hatte. Sie hatte alles erfunden. Sie selbst hatte sich die Verletzungen an den Brüsten zugefügt. Der Grund? „Gar nichts. Überhaupt kein Motiv. Lebensüberdruss, könnte man wohl sagen.“[1]

Wie man die Sensibilität der anderen schützt

Mit Fingerspitzengefühl verwendet kann eine Lüge, mit der man die Gefühle eines anderen schützen will, die sozialen Beziehungen verbessern – vor allem wenn man nicht konkret lügt, sondern einfach nicht die ganze Wahrheit erzählt. Wieso sollten wir die anderen überfahren, als wären wir Bulldozer? Manchmal sind wir unter dem Vorwand, die Wahrheit zu sagen, schroff. Wir vergessen oft, dass das Herz eines Menschen eine empfindliche Angelegenheit ist. Wenn wir der Mehrheit der Leute gefallen und Unstimmigkeiten vermeiden wollen, sind wir gezwungen, nicht alles zu sagen, was uns im Kopf herumgeht. Es gibt aber einen Unterschied zwischen dem, was wir nicht sagen, und der Lüge. Einige Menschen, die lügen, um die Gefühle eines anderen nicht zu verletzen, nennen es „Lügen aus Nächstenliebe“. Sehr offene und direkte Menschen können einiges durcheinander bringen und für Kontroversen sorgen. Die Wahrheit schockiert, wenn sie brutal ist oder vorgefasste Ideen infrage stellt. Sehr offene Menschen sind oft Freidenker, Rebellen und Künstler gegen den Strom, für die Integrität wichtiger

7 Pierre Foglia: *Le doute*. La Presse, 7. Mai 2002.

ist als der Wunsch, zu gefallen und einen guten Posten zu haben. Die Lüge wird also immer mehr zur Pflicht, je mehr ein Mensch eine gehobene soziale Rolle spielt ...

In *La Mise en Scène de la vie quotidienne* beschäftigt sich der Soziologe Erving Goffman mit der Notlüge. In jeder sozialen Situation spielt jeder eine exakt definierte Rolle: Koch, Kellner, Gast zum Beispiel. Diese Rolle wechselt je nach „Darstellern“ und Handlungsort. Oft verhindern Auslassungslügen und Einschmeicheleien, dass man richtig lügen muss und damit sein Gesicht und seinen Ruf verliert. Indem man die Suppe mit Klümpchen gar nicht kommentiert, vermeidet man die Lüge, dass sie köstlich ist. Wir profitieren also von allen Vorteilen der Lüge, ohne uns mit den Nachteilen auseinander zu setzen wie Schuldgefühlen, der Kluft zwischen verbaler und nonverbaler Kommunikation, dem unguten Gefühl und dem Risiko, demaskiert zu werden. Die Auslassungslüge ermöglicht es, die Sensibilität anderer nicht zu beeinträchtigen und sich nicht der Lüge schuldig zu fühlen.

In anderen Fällen benutzen wir die Lüge, weil wir genau wissen, wofür wir es tun: damit die Kinder weiterhin an magische Dinge glauben können, die wir für ihre Entwicklung für so wichtig halten, oder um das Ego unseres Partners oder die Gefühle einer Person zu schonen, die an ihren Verführungskünsten zweifelt.

Der Schutz des kindlichen Glaubens

Kinder sind sehr offen für Magie und Fantasie und die meisten Eltern lügen, um ihnen den Zauber von Weihnachten und allen Märchen, die damit assoziiert werden, nicht zu nehmen. Viele Schulkinder glauben, dass es einen echten Weihnachtsmann am Nordpol gibt und dass sich in den Einkaufszentren nur unzählige Fälschungen tummeln. So behalten sie ihren Glauben, wenn sie entdecken, dass der Weihnachtsmann einen falschen Bart trägt ... Aber es gibt Kinder, die verärgert sind, weil sie getäuscht wurden. Wie es die Journalistin eines Frauenmagazins ausdrückt: „Unser liebes Kind hat gerade nicht nur erfahren, dass es keinen Weihnachtsmann, keine Kobolde und keine Zauberfee gibt, sondern auch noch, dass seine Eltern schöne Lügner sind!“[8] Für die meisten Erwachsenen ist der Schutz der kindlichen Vorstellungskraft wichtiger als das Bestreben, die Wahrheit zu sagen. Alles in allem mögen auch die Großen all den Zauber rund um Weihnachten, trotz seines kommerziellen Charakters und der immer weniger beachteten religiösen Seite. „Um Vertrauen zu entwickeln, brauchen Kinder Futter für ihre Vorstellungskraft und müssen ihrer Fantasie freien Lauf lassen“[9], bemerkt die Psychologin Brigitte Hénault. Der Psychoanalytiker Bruno Bettelheim hatte dem kindlichen Glauben – wie dem Weihnachtsmann und den Märchen – bereits eine wichtige Rolle in der kognitiven und affektiven Entwicklung des Kindes zuerkannt. Eltern mit kleinen Kindern sollten also kindliche Fantasien nicht mit Lügen verwechseln.

Wie man das Ego eines Verführers schützt ...

In der Serie „Sex and the City“ ist Carrie mit ihrem homosexuellen Freund, einem kleinen Mann mit Brille, in einer Cocktailbar und will ihn mit einem gut aussehenden Typen, der ihm gefällt, verkuppeln. Sie geht zu Letzterem und sagt ihm, dass ihr Freund ihn gern kennen lernen würde. Carrie zeigt ihm ihren Freund, aber der Fremde denkt, es ginge um den großen, blonden, gut gebauten Kerl neben Carries Bekanntem. Er sagt, dass er interessiert sei. Ihr Freund gibt ihm ein Handzeichen. Der Schöne klärt Carrie darüber auf, dass es der große Blonde sei, der ihn interessiere. Sie entschuldigt sich dafür, dass sie ihm diesen nicht vorstellen könne, weil sie ihn nicht kenne, und verabschiedet sich. Zu ihrem Freund sagt sie: „Er ist hetero.“ Sie lügt, um zu vermeiden, dass er sich schlecht fühlt.
Die Gesellschaft der westlichen Hemisphäre ist von der Frage der Un-

8 Marie-José Desmarais: *Père-Noel es-tu-là?* Châtelaine, Dezember 2001, S. 36.
9 Nathalie Vallerand: *Faut-il les laisser croire au père Noel?* Coup de pouce, Dezember 2002, S. 17.

treue besessen. Im Fernsehen, Radio, Kino und in Frauenmagazinen geht es um so gut wie nichts anderes. Selbst ein populärwissenschaftliches Magazin wie *Sciences et Avenir* hat im September 2002 ein Sonderheft mit dem Titel „Evolution: la science découvre l'infidélité au féminin" (Evolution: Die Wissenschaft entdeckt die weibliche Untreue) veröffentlicht. Wir lügen leichtfertig, wenn wir untreu sind, und die meisten Artikel und Bücher über dieses Thema empfehlen auch, dass man lügen soll. Die unterschiedlichsten Experten sagen uns, dass wir für unsere Auslassungslüge damit bestraft werden, dass sie so schwer auf uns lastet. Sie behaupten, dass unser Untreue-Geständnis nur dazu dient, unser Gewissen zu erleichtern, dass es absolut egoistisch ist. Sie sagen uns, dass diese Art Geständnis das Vertrauen entzweit und jede Beziehung gefährdet. In Wirklichkeit kommt es auf das jeweilige Paar an. Es gibt keine Regel. Möchten Sie es wissen, wenn Ihr Partner untreu war, oder lieber nicht? Wenn ja, glauben Sie, dass er bereit wäre, das von Ihnen zu erfahren, wenn Sie ihn betrogen hätten? Wenn ja, könnten Sie sich die Konsequenzen Ihres Geständnisses vorstellen?

Was würden Sie tun, wenn Ihr Partner an Ihrer Treue zweifeln und Ihnen Fragen stellen würde? Nichts sagen ist eine Sache, lügen eine andere. Ihr Körper lügt nicht. Sie riskieren, sich zu verraten und den anderen damit umso mehr zu verletzen. Die Autorin Bonnie Jacobson[10] schlägt vier Fragen vor, die man dem betrogenen Partner stellen soll, der einen mit Untreue konfrontiert: 1) Warum fragst du mich das? (Wenn man seine Gründe versteht, kann man sich auf eine produktive Diskussion vorbereiten.) 2) Darf ich das erklären? (Diese Frage beinhaltet ein unterschwelliges Schuldgeständnis, obwohl man höflich darum bittet, die Umstände der Untreue darstellen zu dürfen.) 3) Bist du einverstanden, mit mir darüber zu reden? (Diese Frage bringt den wütenden Partner, der kurz davor ist, das Zimmer mit lautem Türenschlagen zu verlassen, dazu, sich auf ein Gespräch einzu-

---

10 Bonnie Jacobson: *If Only You Would Listen*. St. Martin's Press, New York 1995.

lassen, was die einzige Chance ist, die Beziehung zu retten.) 4) Wie kann ich dein Vertrauen zurückgewinnen? (Statt sich damit zufrieden zu geben, um Verzeihung zu bitten, zeigt man, dass man bereit ist, an der Wiederherstellung des Vertrauens zu arbeiten.)

Ob Sie nun treu sind oder nicht, lügen Sie in Bezug auf Ihre sexuelle Befriedigung? In der Komödie *Der Dummschwätzer* sagt jemand, was er nach einer sexuellen Beziehung wirklich von seiner Partnerin denkt. In diesem Film lügt der Anwalt Fletcher, gespielt von Jim Carrey, ständig. Am Geburtstag seines Sohnes ruft er seine Frau an und entschuldigt sich dafür, dass er nicht kommen kann. Tatsächlich ist es so, dass seine Chefin ihn gerade verführt. Er sagt: „Mein Chef sitzt mir total im Nacken." Sein kleiner Sohn ist sehr enttäuscht. Bevor er die Kerzen auspustet, wünscht er sich, dass sein Vater für 24 Stunden keine einzige Lüge erzählt. Sein Wunsch geht in Erfüllung. So kommt es, dass Fletcher nach dem Sex mit seiner Chefin, den sie super fand, sagt: „Ich hatte schon besseren." Nachdem er jedem seine wahre Meinung mit all ihren unangenehmen Folgen mitgeteilt hat, hört Fletcher vom Wunsch seines Sohnes. Er bittet ihn dann, darauf zu verzichten, und erklärt ihm: „Man kann in der Welt der Erwachsenen nicht überleben, wenn man immer die Wahrheit sagt." Tatsächlich hätte er auch sagen können, dass man seine Interessen nicht sehr gut vertreten kann, wenn man immer ehrlich ist ...

Lügen, die den männlichen Stolz schützen sollen, kommen im Bett häufig vor. Shere Hite[11] hat tausende Aussagen über das Sexualleben der Amerikaner zusammengetragen. Der Druck, der auf die Frauen ausgeübt wird, dass sie einen Orgasmus haben, ist so enorm, dass viele ihn vortäuschen. Auf die Frage „Simulieren Sie den Orgasmus?" antworteten 34 Prozent der Befragten mit „Ja", 19 Prozent sagten, dass sie schon einmal simuliert hätten, und 47 Prozent entgegneten „Nein". Von denen, die den Orgasmus simulieren, sagten einige aus, dass sie das tun würden, um das Ego ihres Partners nicht anzukratzen.

11 Shere Hite: *Faking Orgasm*. Lying, Cheating & Stealing: Great writers on getting what you want when you want it. Chronicle Books, San Francisco 1997, S. 29–31.

Nun ist aber die Behauptung, dass man zum sexuellen Höhepunkt gekommen sei, eine Lüge, die verhindert, dass sich echte Intimität bei dem Paar einstellt. Es ist tatsächlich einfacher, so zu tun, als ob, als dem Partner seine Bedürfnisse und Vorlieben mitzuteilen und die Verantwortung für seine sexuelle Befriedigung auf sich zu nehmen. Wenn wir uns so verhalten, häufen wir Frust an, belügen uns selbst und unseren Partner. Außerdem nehmen wir uns die Möglichkeit, wirklich einen Orgasmus zu bekommen. Barbara de Angelis[12], Expertin für Paarbeziehungen und Autorin mehrerer Bestseller auf diesem Gebiet, empfiehlt emotionale Aufrichtigkeit und rät entschieden davon ab, den Orgasmus vorzutäuschen. Nicht nur ist das Simulieren eine Lüge, sondern auch eine Art Manipulation, die den Partner glauben machen soll, dass er ein außergewöhnlicher Liebhaber ist, der weiß, wie man den anderen befriedigt. In seinem Buch über radikale Aufrichtigkeit geht Brad Blanton[13] so weit, die gleichzeitige Selbstbefriedigung zu befürworten, um dem Partner zu zeigen, wie man sich „berührt", wie einige Sexologen sagen. Damit will er uns zeigen, dass die Verantwortung für unsere sexuelle Befriedigung bei uns liegt. Eine solche Vorstellung vom Orgasmus würde den Männern ermöglichen, sich ihrer Partnerin zu nähern, denn sie hätten nicht mehr die Verantwortung dafür, sie zu befriedigen. Ich für meinen Teil denke, dass die Beziehung in Ordnung ist, wenn wir uns erlauben, jeden Augenblick des körperlichen Zusammenseins mit dem Partner zu genießen, ohne ständig den Orgasmus als Zielvorgabe zu haben – ob es nun von einigen Sekunden Höhepunkt gekrönt wird oder nicht. Oft passiert etwas Überraschendes, wenn wir uns fallen lassen: Wir entdecken, dass Zärtlichkeit und Streicheln uns schon erfüllen, oder wir kommen sogar zum Höhepunkt, auf den wir vorher verzichtet hatten.

---

12 Barbara de Angelis: *The Real Rules: How to Find the Right Man for the Real You*. Dell Publishing, New York 1997.

13 Brad Blanton: *Radical Honesty: How to Transform Your Life by Telling the Truth*. Dell Publishing, New York 1996.

Die Risiken der Notlüge

Ganze Beziehungen basieren auf Notlügen, die das, was jeder einbringt, verfälschen und die Beziehung unterminieren. Das Verlangen und die Liebe bleiben oft im Verborgenen und man schämt sich dafür. Wie viele verliebte Personen verwenden die Auslassungslüge – aus Angst, dass ihre Liebe nicht erwidert wird oder weil sie nicht das Recht haben, in ihre Schwägerin, ihren Chef oder ihren verheirateten Kollegen verliebt zu sein? Dieses Zurückhalten des Geständnisses kann eine wahre Tortur sein. Die Enthüllung wirkt hingegen sehr befreiend. In *Les gens du mensonge*[14] erzählt Scott Peck, wie er einer Patientin gestand, dass er sie anziehend fand, und wie sie dadurch ihrerseits zugeben konnte, dass er ihr auch gefiel. Von da an konnte sie offen über Verführung und Liebe in ihrem Leben sprechen. Er sagte ihr, dass sie sich keine Sorgen zu machen brauchte, da er verheiratet und eine Beziehung zwischen ihnen nicht möglich wäre. Damit konnte er die Spannung herabsetzen und eine therapeutische Beziehung aufbauen, die auf Aufrichtigkeit basierte. In dem Roman „Die Lüge im Bett“ von Gaby Hauptmann verliebt sich eine Fernsehreporterin in Nick, einen homosexuellen Regisseur, der seine sexuelle Orientierung geheim hält. Eines Tages zieht sie mit ihm und seinem Freund zusammen, ohne ihm je zu erzählen, dass sie total verrückt nach ihm ist. Ihre Lüge verursacht vergiftete Gefühle: Groll, Frustration, zurückgehaltene Wut. Schließlich kommt alles heraus, als Nicks Partner – der bisexuell ist – zugibt, dass er sich in die Reporterin verliebt hat. In dem Moment gesteht sie dem Regisseur ihre Liebe. Die Spannung, die mit der Heimlichtuerei zusammenhing, lässt mit einem Mal nach, trotz des Schocks, den das Geständnis zuerst auslöste. Sie beschließen, weiterhin zu dritt zusammenzuleben, als ob nichts wäre …

Lügen, mit denen man jemanden schützen will, können Beziehungen vergiften, wenn sie auf mangelndem Vertrauen basieren. Wenn

---

14 Scott Peck: *Les gens du mensonge*. J'ai lu, Paris 1990.

jemand aus Ihrem Umkreis Sie nach Ihrer Meinung fragt, und Sie belügen ihn, sind Sie nicht vertrauenswürdig – selbst wenn Sie nicht verpflichtet sind, jedem zu sagen, was Sie von ihm halten. Übrigens würden Ihre Bemerkungen vielleicht mehr Urteile als neutrale Beobachtungen enthalten. Dennoch ist eine integre Person es sich schuldig, ehrlich zu sein, wenn jemand sie um Feedback bittet oder wissen will, was sie wirklich denkt. Sie können ohne Sorge, den anderen zu verletzen, Ihre Empfindungen ausdrücken, wenn Sie die von Marshall Rosenberg erarbeiteten Prinzipien der sanften Kommunikation anwenden.[15] Beobachten Sie die Situation, ohne sie zu beurteilen. Es ist nicht nötig, den anderen zu beschuldigen und zu demütigen. Drükken Sie dann aus, was Sie empfinden und präzisieren Sie, welches Ihrer Bedürfnisse nicht erfüllt ist. Beenden Sie das Gespräch mit einer offenen und Verhandlungsspielraum einräumenden Frage. Ihr Partner fragt Sie zum Beispiel, was Sie davon halten, wenn er wieder beginnt, zu studieren. Statt ihn zu belügen, um seine Gefühle nicht zu verletzen, könnten Sie sagen: „Ich sehe, wie enthusiastisch du bist, und es freut mich, dass dich das so motiviert. Aber ich bin etwas in Sorge, dass mein Gehalt vielleicht nicht reicht, um all unsere Ausgaben zu decken. Ich möchte mich finanziell in Sicherheit wissen. Ist es für dich in Ordnung, wenn wir gemeinsam ausrechnen, ob das wirklich möglich ist?“ Von einer solchen Frage wird Ihr Partner sich weder eingeschränkt noch in Verteidigungsnot fühlen. Und Sie waren ehrlich. Die sanfte Kommunikation beruht auf Mitgefühl und Verständnis für den anderen. Sie ermöglicht, Brücken zwischen den Menschen zu bauen, statt Wände hochzuziehen, die sie voneinander trennen.

Schließlich kann die Lüge zum Schutz eines anderen den Weg dieser Person erschweren. So kann es sich mit einem Kranken verhalten, dessen Umfeld ihn nicht darüber aufklärt, wie schwer krank er wirklich ist. Viele Autoren sehen es als richtig an, unheilbar Kranke

---

15 Marshall Rosenberg: *Les mots sont fenêtres (ou des murs). Introduction à la communication non violente*. Jouvence, Condé-sur-Noireau 1999. Und: *Cessez d'être gentil, soyez vrai!* Les Éditions de l'Homme, Montréal 2001.

zu belügen, um sie nicht zu alarmieren und um ihnen Hoffnung zu geben. Es gibt übrigens einige unerklärliche Berichte über Heilungen. Der Glaube an die Heilung macht es möglich, effektiver gegen die Krankheit zu kämpfen. Aber wie weit kann man gehen? Selbst die neue Strömung der ganzheitlichen Biologie, die die Meinung vertritt, dass das Wissen über die Krankheit zur Heilung beiträgt, ist der Auffassung, dass das nicht mehr hilft, wenn die Krankheit zu weit fortgeschritten ist. Wenn man einen Patienten in der Endphase belügt, zeigt das, dass man ihm nicht zutraut, mit dieser Realität klarzukommen. Außerdem nimmt man ihm die Möglichkeit, die verschiedenen Trauerphasen zu durchlaufen, die dem Tod vorausgehen: Verleugnen, Wut, Verhandeln und Einwilligung. Wenn das ganze Umfeld in der Phase des Verleugnens verharrt und dem Kranken die Wahrheit verweigert, nimmt es ihm die Möglichkeit, sich auf seinen Tod vorzubereiten. Schlimmer noch: Die sterbende Person spürt intuitiv, dass etwas nicht stimmt. Indem es die Tragweite ihrer Krankheit leugnet, trägt das ganze Umfeld dazu bei, dass sie an ihrer eigenen Intuition zweifelt. Für einen mündigen Menschen kann ein solches Verleugnen schmerzhafter sein als die Wahrheit über die unheilbare Krankheit. Die Entdeckung, dass seine ganze Umgebung ihn belügt und ihm nicht genug vertraut, um mit ihm klar über seinen Zustand zu reden, kann ihn sehr verletzen. Die Mediziner und das Pflegepersonal werden oft Komplizen der Familien, die sich weigern, dem Kranken die Wahrheit zu sagen, und es bevorzugen, die Komödie der Heilung zu spielen, bis es zu spät ist.

Beobachtungsübung

Die Notlüge wird oft von der Angst motiviert, dass man dem anderen wehtun oder bestraft werden könnte. Die folgende Übung lädt Sie dazu ein, sich Ihren Notlügen zu stellen. Ermöglichen Sie es sich, in sich hineinzusehen. Selbst wenn Sie sich für aufrichtig halten, lügen

Sie ab und zu wie jeder von uns. Nur der Grad, die Motive und die Häufigkeit variieren. Belügen Sie sich nicht selbst, indem Sie glauben, Sie seien absolut ehrlich? Nach Debbie Ford[16] wird der Teil von Ihnen, der lügt, in den Schatten gedrängt und Sie werden ihn auf andere projizieren und so Wiederholungslügner in Ihr Leben holen, wenn Sie sich weigern, zuzugeben, dass Sie hin und wieder lügen. Für jeden von uns ist es von Vorteil, wenn wir all unsere Fassetten akzeptieren.

Nehmen Sie eine aufrechte Haltung ein. Strecken Sie Ihre Wirbelsäule und stellen Sie Ihre Füße auf den Boden. Atmen Sie ein paarmal mit geschlossenen Augen tief durch. Kehren Sie zu Ihrem normalen Atemrhythmus zurück und konzentrieren Sie sich zwei Minuten lang auf Ihre Ein- und Ausatmung. Wenn Sie sich ruhig fühlen, können Sie sich die folgenden Fragen stellen. Schließen Sie nach jeder Frage die Augen, um in sich die Antwort zu spüren, und schreiben Sie sie auf ein Blatt Papier:

- Welche ist die offenkundigste Lüge, die ich erzähle, um meine Interessen zu schützen?
- Wie lüge ich für gewöhnlich, um das Ego der Leute in meinem Umfeld zu schützen?
- Welches ist die größte Lüge, die ich je erzählt habe, um eine Bestrafung zu vermeiden?
- Welches ist die größte Lüge, die ich je erzählt habe, um jemand anders nicht zu verletzen?
- Schützen meine Lügen mich wirklich oder sind sie eine Illusion?

Wenn wir die Gründe für unsere Lügen verstehen, können wir besser nachvollziehen, wieso die anderen uns belügen. So nähern wir uns dem anderen an und teilen uns nicht mehr in zwei künstliche Lager auf: die Lügner und ihre Opfer.

---

16 Debbie Ford: *The Dark Side of the Light Chasers*. Riverhead Books, New York 1998.

Die Aufwertungslüge

Ohne die Lüge würde die Wahrheit vor Hoffnungslosigkeit und Langeweile zugrunde gehen.

ANATOLE FRANCE

Kennen Sie jemanden, der seine Zeit damit verbringt, zu übertreiben, um alle Zuhörer zu beeindrucken? Jeder von uns hat in seinem Umfeld mindestens eine Person, deren Heldengeschichten er nicht für bare Münze nehmen kann. Wenn wir nicht beweisen können, dass derjenige lügt, sagen wir uns, dass er das sicherlich alles erfunden hat. Diese Menschen sind nicht gern gesehen, denn sie übertreten zwei ungeschriebene Gesetze, die wir meist seit unserer frühesten Kindheit verinnerlicht haben: das Verbot, zu lügen, und das Verbot, anzugeben. Jene Menschen tun beides! Als Kinder lernen wir, dass es nicht gut ist, zu lügen oder anzugeben, und dass wir bestraft werden, wenn wir es doch tun. Diese Menschen lügen, um sich wichtig zu machen und sich über die anderen zu erheben. Aber da sind sie nicht die Einzigen ... Denn wenn auch einige von uns Meister in dieser Art der Lüge sind, so lügen wir doch alle mehr oder weniger, um unser Ego aufzubessern und uns größer zu machen, als wir in Wirklichkeit sind. Die Aufwertungslüge dient dazu, Eindruck zu schinden, Aufmerksamkeit zu erregen, zu überzeugen oder sich durch das Niedermachen anderer über sie zu stellen. Bevor wir zu den vier Gründen kommen, die zu dieser Art Lüge führen, machen Sie bitte den folgenden Test, um sich einschätzen zu können.

Test: Können Sie lügen, um sich aufzuwerten?

Notieren Sie bei jeder Frage die Antwort, die Ihrer Reaktion in den dargestellten Situationen am nächsten kommt.

1. Sie bewerben sich um eine Stelle, bei der Kenntnisse des Excel-Programms verlangt werden. Sie verwenden es zwar automatisch, wissen aber nicht genau, wie es funktioniert.
   a) Sie erwähnen, dass Sie Excel kennen, und beschließen, vor dem Vorstellungsgespräch einen Kurs zu machen.
   b) Sie behaupten, das Programm sehr gut zu beherrschen.
   c) Sie geben zu, dass Sie Excel nur oberflächlich kennen.

2. Sie sehen Ihre Tante wieder, die viele Reisen unternommen hat, und sie fragt Sie, in welchen Ländern Sie schon waren. Sie sind niemals aus Ihrem Land herausgekommen, planen jedoch eine Übersee-Reise.
   a) Sie sagen, dass Sie zweimal in Norddeutschland waren und dass Sie sich auf eine Atlantiküberquerung vorbereiten.
   b) Sie behaupten, dass Sie in den USA und in Nordafrika waren.
   c) Sie geben zu, dass Sie bald das erste Mal in ein Flugzeug steigen werden, und fragen sie nach ihren Erlebnissen.

3. Sie haben die Stufe nicht gesehen und sich den Knöchel verstaucht.
   a) Sie humpeln stark und beschweren sich.
   b) Sie machen sich einen Verband und gehen auf Krücken spazieren.
   c) Sie bleiben zu Hause, um Ihrem Knöchel Erholung zu gönnen, und sagen, dass Sie eine Verstauchung haben.

4. Sie haben einen befristeten Arbeitsvertrag und ein Recht auf Arbeitslosengeld. Sie wissen, dass Sie in drei Monaten einen anderen Vertrag bekommen werden.
   a) Sie sagen seufzend, dass Sie arbeitslos sind.
   b) Sie behaupten, vor die Tür gesetzt worden zu sein.
   c) Sie stellen die Fakten so dar, wie sie sind.

5. Sie treffen jemanden, der Ihnen gefällt, und Sie möchten ihm auch gefallen.
   a) Sie übertreiben, um sein Interesse zu wecken, und sagen sich, dass die Tiere in der freien Natur es genauso machen.
   b) Sie übertreiben, was Ihren Reichtum und Status angeht, damit diese Person fasziniert ist und Sie wiedersehen will.
   c) Sie zeigen sich, wie Sie wirklich sind, und sagen sich, dass Sie ihm als das gefallen wollen, was Sie sind.

6. Es ist das zweite Rendezvous mit der Person, die Ihnen gefällt. Sie gesteht Ihnen, dass sie den Maler Rembrandt so sehr mag, dass sie niemanden lieben könnte, der seine Gemälde nicht auch mag. Sie bevorzugen die Impressionisten ...
   a) Sie sagen, dass Sie Rembrandts Bilder sehr mögen, die an Landschaften aus der Vogelperspektive erinnern.
   b) Welch ein Zufall! Auch Sie lieben Rembrandt.
   c) Sie geben zu, dass Sie die Impressionisten lieber mögen, und machen klar, dass Sie auch jemanden lieben könnten, dem sie nicht gefallen!

7. Ihre Kinder kommen vom Wochenende bei Ihrem früheren Partner zurück. Sie sind ganz stolz auf das neue Computerspiel, das er ihnen gekauft hat.
   a) Sie behaupten, dass er sich ihre Zuneigung erkaufen will, weil er sie nicht oft sieht.
   b) Sie kritisieren das Spiel und sagen, dass ihr Vater sich eher mit ihnen beschäftigen sollte, als sie vor den Computer zu setzen.
   c) Sie freuen sich über ihre Begeisterung und versuchen mitzuspielen oder sehen ihnen dabei zu.

8. Ihr Nachbar ist ganz stolz darauf, zum ersten Mal das Kreuzworträtsel gelöst zu haben. Sie mögen keine Kreuzworträtsel, weil sie Ihnen zu kompliziert sind. Sie sagen:
   a) „Na ja, dafür muss man keine Leuchte sein!“
   b) „Bravo! Ich habe das Riesen-Kreuzworträtsel gelöst.“
   c) „Glückwunsch! Ich habe das noch nie geschafft!“

Ergebnisse

Sie haben am häufigsten a) angekreuzt: Sie können ein bisschen lügen, um sich damit einen Vorteil zu verschaffen und Ihr Image zu verbessern. Aber Sie sehen sich nicht als großen Lügner: Sie übertreiben nur ein wenig, um die Wahrheit aufzupolieren ...

Sie haben am häufigsten b) angekreuzt: Sie haben keinerlei Schwierigkeiten damit, zu lügen, um besser dazustehen. Es gefällt Ihnen sogar irgendwie. Einige Leute meinen, Sie seien wirklich ein Aufschneider, aber Sie sind vor allem ein Lügner, der sich mit seinen Lügen aufwertet.

Sie haben am häufigsten c) angekreuzt: Sie haben die Lektionen Ihrer Kindheit nicht verlernt und sehen lügen und prahlen als schlecht an. Folglich sind Sie natürlich und ungekünstelt. Wenn das den anderen nicht gefällt, ist es ihr Problem! Wenn Sie acht Mal c) angekreuzt haben, belügen Sie sich selbst! Wenn nicht, lügen Sie ab und zu, um in den Augen der anderen ein gutes Bild von sich abzugeben.

Sie können Ihre Ergebnisse einschätzen, indem Sie prüfen, warum Sie diese Lügen verwenden: um zu beeindrucken (Fragen 1 und 2), um Mitleid hervorzurufen (3 und 4), um zu gefallen (5 und 6) oder um besser als jemand anders dazustehen, indem Sie ihn niedermachen (7 und 8).

Der Wunsch, zu beeindrucken

Der Wunsch, zu beeindrucken, ist der Antrieb für die Aufwertungslüge. Der Lügner übertreibt oder erfindet etwas, um Aufmerksamkeit zu erregen und Bewunderung zu ernten. Diese Art Lüge ist vor allem den Männern vorbehalten. Nach Jean Gervais „lügen die Männer häufiger, indem sie übertreiben, was ihre Leistung und ihre Fähigkeiten angeht. Die Frauen hingegen greifen öfter auf die Notlüge zurück".[17] Obwohl sie sie öfter anwenden, haben die Männer nicht das Monopol auf diese Art Lüge.

Die meisten Menschen finden ihr Leben langweilig und monoton. Sie beneiden Stars, weil sie denken, dass diese ein viel interessanteres Leben führen, aber eine gewisse Routine gehört bei jedem dazu. Bei der Aufwertungslüge erfindet der Lügner farbige Situationen, die aus ihm eine Art Held mit einem spannenden Leben machen. Dank eines von der Norm abweichenden Daseins oder eines Lebensstils, der Neid und Bewunderung hervorruft, verwandelt er sich von einer gewöhnlichen in eine außergewöhnliche Person.

In einer Novelle von Russell Banks[18] erzählt der Autor, wie seine Mutter Geschichten erfand, die sie mit Berühmtheiten in Verbindung

17 Gene Gervais: *Entrevue: le mensonge*. Revue Notre-Dame, November 1999.
18 Russell Banks: *My mother's memoirs, my father's lie, and other true stories*. Lying, Cheating & Stealing: Great writers on getting what you want when you want it. Chronicle Books, San Francisco 1997, S. 48–56.

brachten. Als kleiner Junge glaubte er ihr. Als er erwachsen war, stellte er fest, dass sie ihre Erzählungen gefälscht hatte. Seine Mutter hatte gelogen. Er begriff, dass sie gehofft hatte, mehr geliebt zu werden, wenn man sie mit berühmten Menschen assoziierte. Das war ihre Art, sich aufzuwerten.

Die Lügen der Geschichte

Der Autor und Historiker Pierre Miquel behauptet, dass die Geschichte lügt wie gedruckt. In der römischen Antike erzählte nur Julius Cäsar von seinen Heldentaten. Er war also Geschichtenerzähler und Teil dieser Geschichten. Die Geschichte diente weniger dazu, die Wahrheit festzuhalten, als sie selbst zu basteln.

Im Mittelalter wurden den Kreuzfahrern zahlreiche religiöse Lügen aufgetischt. Sie wussten nichts von den expansionistischen Absichten der Kirche und dem Wunsch der Machthabenden, sich zu bereichern. Um 1240 verwendete der heilige Bernard von Clairvaux vielfältige verbale Waffen wie auch die Lüge, um den Mönch Abélard zu exkommunizieren.

Mit der Affäre Dreyfus wurde die Lüge zur Staatsangelegenheit, die zwischen 1894 und 1906 Frankreich teilte. Auch als bekannt wurde, dass der jüdische französische Offizier kein Spion in deutschen Diensten war, diente er weiterhin als Sündenbock, bevor er begnadigt und rehabilitiert wurde.

Im 18. Jahrhundert log Napoleon, um seine Macht zu sichern, aber auch, um ein ihn zufrieden stellendes Bild seines Egos zu hinterlassen.[1] Und wir könnten noch auf hunderten von Seiten weitere Beispiele anführen ...

Viele Leute haben mir von Lügnern berichtet, die Geschichten ohne Hand und Fuß erfinden, um ihre Umgebung zu verblüffen. Die Un-

19 Serge Cosseron: *Les mensonges de Napoléon*. France Loisirs, Paris 2002.

wahrscheinlichkeit ihrer Erzählungen verrät sie und macht sie bemitleidenswert und lächerlich. Zum Beispiel behauptete eine Gymnasiastin, dass sie dafür bezahlt würde, den Drogenhandel zu überwachen, Stripteasetänzerin zu sein und zwei Monate hinter Gittern gesessen zu haben. Eine andere pathologische Lügnerin hat schon, ohne mit der Wimper zu zucken, behauptet, das Blau ihrer neuen Kontaktlinsen sei ihre natürliche Augenfarbe: Vorher trug sie braune Linsen! Eine Lastwagenfahrerin aus Québec transportierte Material einer Laien-Theatergruppe und sagte, dass sie bereits für die Tourneen der Rolling Stones und von Edith Butler gefahren wäre. Der, dem sie die Geschichte erzählte, stellte fest, dass sie Schwierigkeiten damit hatte, einen anderen Gang einzulegen ... Außerdem erzählte sie, als sie an einem Plakat eines Sängers vorbeifuhren, dass sie ihn persönlich kenne: Wenn sie so viele Leute kannte, hätte sie dann für eine Laienbühne gearbeitet?

In dem Kinderbuch *Les mensonges de Dominique* erzählt Jean Gervais, wie Mélissa lügt, um in der Klasse Aufmerksamkeit zu erregen und sich wichtig zu machen. Eines Tages erzählt sie der neuen Lehrerin vom Nordpol und behauptet, dort gewesen und auf einem Schlitten gefahren zu sein, der von 50 Hunden gezogen wurde. Leider sieht jeder eine Lügnerin in ihr und sie beeindruckt keinen der Mitschüler. Mélissa hat keine Freunde. Die Lehrerin bittet sie, ein Referat über den Nordpol zu halten und ihre Souvenirs am nächsten Tag mitzubringen. Die ganze Klasse lacht über sie. Jetzt ist sie aber ganz schön in Schwierigkeiten! Schließlich gibt Mélissa dank des Einflusses ihrer neuen Nachbarin Marjorie alles zu. Wie kann sie sich das Lügen abgewöhnen? Indem sie ihre Kameraden auf andere Weise erstaunt: Sie lernt mithilfe von Marjorie und ihrer Schwester, die Trainerin ist, Fußball spielen. So gewinnt sie neue Freunde, die mit ihr spielen wollen. Es macht ihr Spaß, sie verblüfft die anderen durch ihre Geschicklichkeit mit dem Ball und verspürt bald nicht mehr das Bedürfnis, zu lügen, um Eindruck zu schinden.

Politiker und die Lüge

Das Buch *Le syndrome de Pinocchio* des Leitartikelschreibers André Pratte[1] befasst sich ausschließlich mit der Neigung der Politiker, zu lügen und Fakten zu verbiegen. Der Lehrer und Autor Jean Gervais behauptet, dass es für Politiker unvermeidlich ist, zu lügen, denn sie könnten nicht an der Macht bleiben, wenn sie die Wahrheit sagten. Er fügt hinzu, dass wir für ihre Lügen verantwortlich seien, da wir uns lieber Illusionen hingeben, als deprimierende Wahrheiten zu hören. Würden Sie einen Politiker wählen, der sein Unwissen zugibt oder aussagt, dass die Probleme der Wirtschaft und der Umwelt von der Weltlage abhängen würden und dass der politische Wille eines einzigen Landes nicht ausreiche, um sie in den Griff zu bekommen? Für gewöhnlich wählen wir die, die uns Lösungen anbieten, auch wenn diese ineffektiv sind oder auf lange Sicht nichts ändern werden. Die Lüge ist ein fester Bestandteil der Politik. Das Gute daran – die Hoffnung, die sie vermittelt – ermöglicht, sie zu akzeptieren. Außerdem steht die nationale Sicherheit in allen Ländern der Welt über der moralischen Verpflichtung, die Wahrheit zu sagen. Vor allem in Kriegszeiten stellen Lügen eine Waffe gegen den Feind dar. Die Propaganda verdeutlicht das gut. Zahlreiche Werke nehmen auf die Lügen Bezug, die während der beiden Weltkriege, dem Vietnam- und dem Golfkrieg in den Medien verbreitet wurden, um die Menschen gegen den Feind aufzuhetzen und ihre Zustimmung zum Krieg zu forcieren.

Der Wunsch, Mitleid zu erwecken

Diejenigen, die lügen, um andere zu beeindrucken, sagen sich wahrscheinlich, dass es besser ist, Neid zu erwecken statt Mitleid. Einige

---

20 André Pratte: *Le syndrome de Pinocchio*. Boréal, Montréal 1997.

Lügner wollen jedoch Mitleid oder Mitgefühl hervorrufen, um sich wichtig zu machen. Sie ziehen Aufmerksamkeit auf sich, indem sie von ihren Unglücken erzählen, die sie übertreiben und verfälschen. So wecken sie Mitgefühl und lassen sich bedauern. Oft zeigt sich die Manipulation in ihrer Erzählung. Man kann lange Gefallen an dieser Masche finden, die einen dazu bringt, mehr Lügen zu erzählen, um noch mehr bemitleidet zu werden und sich in der Rolle der „armen leidenden Person" wichtig zu machen.

Eine Novelle von Tobias Wolff[21] handelt von einem Jungen, der ständig Unglücke der Familie erfindet und sie den Nachbarn und auch Fremden erzählt. Als seine Mutter die Beileidswünsche und das Bedauern einer Nachbarin erhält, weiß sie, dass ihr Sohn gelogen hat und eine Krankheit, einen Unfall oder den Tod eines Verwandten erfunden hat. Das macht sie wütend. Nicht nur die Lügen ihres Sohnes stören sie, sondern vor allem ihr morbider Charakter. Sie nimmt das persönlich und gibt sich die Schuld, bei der Erziehung ihres Sohnes versagt zu haben. Sie schickt ihn zu einem Arzt. Vergeblich. In der letzten Szene erzählt ihr Sohn Unbekannten, dass er in Tibet geboren sei und nach Nordamerika gekommen ist, um den Waisen zu helfen. Seine Zuhörer sind von seinem Schicksal gefesselt. Er lügt, um sich interessant zu machen und geschätzt zu werden. Dieser Typ Lügner hat etwas von einem Geschichtenerzähler und Schriftsteller, der Geschichten erfindet, um sein Publikum zu unterhalten. Die meisten Leute gehen hierbei von der Wahrheit aus, verfälschen sie und übertreiben, um sie spannender zu machen. Die Erkältung wird zur Bronchitis, die Zyste zum bösartigen Tumor und die Verstauchung zum Bruch. Das Ziel ist, Mitleid zu erregen, bedauert zu werden und – wenn möglich – sich von denen, die uns bemitleiden, geliebt zu fühlen. In einigen Fällen kann das Vortäuschen einer schweren Krankheit dazu dienen, die Zuneigung einer Person zu gewinnen, wie in der folgenden wahren Geschichte.

---

21 Tobias Wolff: *The liar.* Lying, Cheating & Stealing: Great writers on getting what you want when you want it. Chronicle Books, San Francisco 1997, S. 92–112.

Der falsche Krebs einer jungen Frau

Als Francine 16 Jahre alt und Mitglied der Theatergruppe ihrer Schule war, freundete sie sich mit der 17-jährigen Chantal an, die ebenfalls zur Gruppe gehörte. Die beiden wurden enge Freundinnen. Auch wenn Francine sich weiterhin mit anderen Schauspielerinnen traf, war sie meistens mit Chantal zusammen. Eines Tages teilte diese ihr mit, dass sie Krebs hätte. Francine war schockiert und völlig durcheinander. Sie kümmerte sich sehr um Chantal und vernachlässigte die anderen Freundinnen. An ihrem 17. Geburtstag sagte ihr eine Klassenkameradin, dass Chantal alles erfunden hatte, um ihre ganze Aufmerksamkeit zu gewinnen. Francine konnte diese Lüge nicht glauben, die sie als ungeheuerlich ansah. Sie konfrontierte Chantal damit, die zugab, dass sie – Gott sei Dank! – alles erfunden hatte. Von einem Tag auf den anderen sprach Francine nie mehr mit diesem Mädchen, das sie weiterhin bewunderte. Für die junge Francine gab es nur Schwarz und Weiß. Ihre Freundin hatte sie belogen und damit für immer ihr Vertrauen verloren. „Nachdem ich spirituelle Reisen unternommen hatte und verurteilt worden war, so wie ich verurteilt hatte", erklärt Francine, die jetzt 45 ist, „habe ich Mitgefühl gelernt und meine drakonische Geste von damals bedauert." Eines Abends, als sie nach Hause kam, wartete eine ehemalige Mitschülerin auf sie, um ihr zu sagen, dass sie kein Herz hätte, weil sie Chantal so behandelt hatte. Francine erfuhr, dass die Wohnung ihrer früheren Freundin mit Bildern von ihr tapeziert war. Mit dem Abstand hat Francine eine andere Sichtweise entwickelt: „Ich sehe, dass sie verrückt nach mir war, aber davon verstand ich damals nichts. Ich wollte sie wiederfinden, aber das ist mir nicht gelungen."

Der Wunsch, zu verführen

Die Aufwertungslüge kann auch ein Mittel sein, um das Interesse von jemandem zu wecken, der uns gefällt. Das Spiel der Verführung rechtfertigt alle Taktiken. Wenn Sie ein Single auf Partnersuche sind, wissen Sie, wovon die Rede ist. Falsche Komplimente und Lügen gehören oft mit dazu – einmal abgesehen von den künstlichen Raffinessen wie getönte Tagescreme, falsche Zähne, Haarimplantate, gefärbte Haare, falsche Brüste usw., die uns schöner machen sollen. Wie der Pfau, der sein Rad schlägt, um das Weibchen zu verführen, und andere Tiere mit ihren Verführungskünsten, die bei vielen Spezies die Paarungszeit symbolisieren, verwendet auch der Mensch alles, was ihn schmückt, um seine Ziele zu erreichen – darunter auch die Lüge. Die zwei folgenden Fälle demonstrieren das.

Der verlogene Forscher

Pierre und Michel machten in Québec eine Ausbildung, um Führer für Abenteuertourismus zu werden. Ihre Expeditionen beschränkten sich jedoch auf Kanada und den Osten der USA. Sie hatten aber viel über andere Länder gelesen und im Unterricht lernten sie viel über die Anforderungen der Expeditionen in anderen Ländern. Beiden gefiel Gina, eine junge Forscherin, die schon auf vier Kontinenten gewesen war. Als Pierre mit ihr allein war, begann er, Lügen über seine Reiseerfahrungen zu erzählen, um sie zu beeindrucken. Gina fand Pierre interessant, weil er ihre Leidenschaft fürs Reisen und für andere Kulturen teilte. Bald wandelte sich ihre Freundschaft in eine innige Liebesbeziehung. Kurze Zeit später bewarb Pierre sich für eine Stelle als Tourismusführer und bat Michel, seinen Lebenslauf zu aktualisieren. Michel war baff, als er feststellte, wie viel sein Freund log, wenn er von seinen zahlreichen Reisen erzählte. Michel erzählte Gina, dass Pierre genauso wie er erst in zwei US-Bundesstaaten und fünf kanadischen Provinzen gewesen war. Die junge Frau war so wütend über Pierres Erfindungen, dass sie mit ihm Schluss machte. Pierre erfuhr, dass Michel ihn verraten hatte und sprach nicht mehr mit ihm, um ihn dafür zu bestrafen, dass er ihn verraten hatte ...

Gefälschte Verführung im Internet

Patrice, 43, ist Marketing-Consultant und auf Partnersuche. Da er sehr sportlich ist, sucht er eine Partnerin, die Fahrrad und Ski fährt. Seine Suche führte ihn zu einer Internetseite für Partnervermittlung und er sagt, dass dort alles zu finden war. Alle Frauen, die er getroffen hat, waren auf dem Foto viel hübscher als in Wirklichkeit. Das Bild einer früheren Tänzerin zog ihn besonders an. Diane war schlank, hatte eine schöne Haut und lange schwarze Haare. Sie behauptete, wie er Fahrrad und Ski zu fahren. Sie verabredeten sich am Eingang einer Bar. Patrice sah eine kleine rundliche Frau, die die Bar betrat. Sie trug einen zerrissenen Mantel. Ihr Teint war fahl. Er sagte sich, dass sie das nicht sein könne, aber instinktiv sagte er ihren Namen und sie drehte sich um. Sie war es. Patrice hätte ihr beinahe gesagt, dass er sich geirrt hatte, war aber höflich genug, es nicht zu tun. Er trank ein Glas mit ihr und fragte sie nach ihren sportlichen Aktivitäten: „Wie oft bist du letzten Sommer Fahrrad gefahren?“, wollte er wissen. „Ich fahre seit zwei Jahren nicht mehr“, sagte sie aufrichtig. So verhielt es sich auch mit dem Skifahren. Patrice hatte das Gefühl, wie ein Fisch geködert worden zu sein. Diane hatte nicht nur über ihre sportliche Betätigung gelogen, sondern sie hatte ihn auch über ihr Aussehen getäuscht, indem sie ein über 15 Jahre altes Foto verwendet hatte – mindestens! Dianes Lügen hatten nur ein Ziel: Verführung. Mit ihren Übertreibungen hat sie genau das Gegenteil erreicht: Ablehnung!

Die Medien und die Lüge

Die Medien verbreiten professionell Illusionen und Fälschungen, um uns zu unterhalten und unseren Kaufreiz zu stimulieren. Die Werbung lügt, um uns zu locken – wir wissen und akzeptieren das. Auch wenn eine Anzeige die Wahrheit sagt, verwendet sie ganz offensichtlich die Auslassungslüge, indem sie die Schwächen des Produkts oder der Dienstleistung verschweigt.

Public Relations verfälscht die Wahrheit, beispielsweise wenn der Begriff „Rationalisierung" für „Rauswerfen" verwendet wird oder „strategische Allianz", um die Phänomene der Medienkonzentration, der Monopol- oder Oligopolbildung aufzuzeigen. Die Journalisten machen sich zu Verbündeten der industriellen Machthaber, wenn sie nur als Vehikel ihrer gelogenen Begriffe dienen, ohne diese zu kritisieren oder durch die korrekten Begriffe auszutauschen. Die Nachrichten stellen kein Fenster zum aktuellen Weltgeschehen dar, sie konstruieren Ereignisse, indem sie Elemente, befragte Personen, den Blickwinkel usw. auswählen. Die Nicht-Information ist in der Welt der Information üblich.

Die so populären Reality-Shows wie „Big Brother" oder „Ich bin ein Star – holt mich hier raus!" hetzen ebenfalls zur Lüge, ja sogar Untreue auf. Die Zuschauer sind begeistert von diesen Sendekonzepten, die gewöhnliche Menschen zu Stars machen, während diese Situationen außerhalb ihres Alltags erleben. Aber wie soll man die Zuschauer weiterhin fesseln, wenn nicht ständig etwas Neues passiert? Da müssen Simulationen und Inszenierungen herhalten. Die Regenbogenpresse macht es sich zur Aufgabe, „Wahrheit" und „Lüge" der Stars auseinander zu sortieren. Was Filme angeht, die auf wahren Erlebnissen von Stars basieren, wären die meisten ohne die Überarbeitung – auch die „Lügen"– der Regisseure sterbenslangweilig. Letztere werden übrigens von den Angehörigen solcher Stars verfolgt, die kritisieren, dass sie schlecht dargestellt werden. Die Medien funktionieren durch die Lüge, die uns verführt und bei Laune hält.

Den anderen schlecht machen, um sich besser zu fühlen

Man sagt von manchen Leuten, dass sie andere schlecht machen, um sich besser zu fühlen. Das ist die Lüge, die dazu dient, das Bild von sich aufzupolieren, indem man den anderen herabsetzt. Der Bruder übertreibt in Bezug auf das, was die Schwester angestellt hat, und erfindet noch etwas dazu. Der Kollege bringt ein Gerücht auf Kosten der Kollegin in Umlauf, die sich für denselben Posten wie er beworben hat. Der Lehrer würdigt eine Schülerin herab, die eine Antwort nicht weiß, und gibt ihr dann eine noch schlechtere Note, als sie verdient hätte, indem er die Ausmaße ihres Unwissens überbewertet. Machtbeziehungen sind das Herzstück der Lügen, die den anderen herabsetzen. Der Lügner will dominieren, den anderen fertig machen, und benutzt für diese Ziele die Lüge. Zerrüttete Familien, in denen frühere Paare nicht mehr gut miteinander auskommen, sind das typische Beispiel für diese Art Lüge.

Das Problem ist, dass Eltern, die ihre Kinder belügen, um ihren früheren Partner herabzuwürdigen und sich selbst in ein besseres Licht zu rücken, ihre Kinder damit mehr verletzen als den Expartner. Normalerweise liebt ein Kind beide Elternteile und hebt sie auf ein Podest. Als Kind ist man stolz auf seine Eltern. Das Erwachsenwerden kommt früh genug. Die rosarote Brille der Kindheit verschwindet – manchmal abrupt – zum Schaden der Eltern, die Kritik kaum gewohnt sind. Wenn das Kind Mutter oder Vater dabei überrascht, wie sie den anderen niedermachen, wird es Groll empfinden. Dieser Groll wird meistens schnell verdrängt, kommt aber wieder zur Oberfläche, wenn das Kind versteht, dass die Kritik gelogen war. Das Kind, das belogen wird, fühlt sich verraten. Der, dem all sein Vertrauen galt, entpuppt sich als Lügner und Betrüger. Diese Feststellung kann dauerhafte Verletzungen hinterlassen: Das Kind kann beginnen, sich in sich selbst zurückzuziehen und seine Wahrnehmung anzuzweifeln. Die Lügen über frühere Partner sind oft die Tat manipulierender Eltern, die

die Zuneigung ihrer Kinder für sich allein wollen. Zu oft versuchen sie ihre Nachkommen dahin gehend zu beeinflussen, dass diese den undankbaren Partner, der sie verlassen hat, ebenfalls hassen sollen. So glaubt der lügende Elternteil, seinen Expartner bestrafen zu können und sich zu rächen. Aber zunächst einmal bestraft er die eigenen Kinder, denn sie fühlen sich in dieser Situation automatisch schlecht und traurig – es sei denn, sie hassen den anderen wirklich auch. Muss man sich in Erinnerung rufen, dass Hass ein Gift für die Person ist, die ihn empfindet? Der folgende Fall illustriert die Verwüstungen, die Groll zwischen Expartnern anrichten kann, und wie er sich auf ihre Kinder auswirkt.

Die Kinder zwischen den Stühlen

Emmanuel und Jonas sind zehn und zwölf Jahre alt und wohnen mit ihrer Mutter Viviane im südlichen Teil Montréals. Jedes zweite Wochenende verbringen sie mit Bertrand, ihrem Vater. Die früheren Partner feinden sich gegenseitig an und verbergen ihre Antipathie nicht. Letzten Sommer nahmen Jonas und Emmanuel an einem Space Camp in Laval nördlich von Montréal teil. Der letzte Tag des Camps war Teil des Wochenendes, das sie bei ihrem Vater verbringen sollten. Er rief seine ehemalige Lebensgefährtin an, um ihr zu sagen, dass er die Jungs im Camp abholen würde. Die Mutter war dagegen, denn sie wollte anschließend mit den Kindern eine Woche in ihrem Landhaus, das in derselben Richtung wie Laval lag, verbringen und vorher nicht mehr nach Montréal zurückkehren. Bertrand bestand darauf, die Jungs abzuholen, aber sie wollte nichts davon wissen. Er behauptete, dass es sein Wochenende sei und er ein Recht darauf habe, seine Kinder zu sehen. Er fuhr also los, um sie abzuholen. Viviane fuhr auch nach Laval und war schockiert, als ihre Söhne nicht mehr da waren. Sie rief Bertrand an und hatte Jonas am Telefon. Sie sagte: „Wieso habt ihr nicht am Camp auf mich gewartet? Euer Vater hat mir nicht gesagt, dass er euch holen würde. Das ist nicht in Ordnung. Ich war sehr beunruhigt." Nachdem er aufgelegt hatte, bat Jonas seinen Vater um eine Erklärung. Bertrand sagte ihm, dass seine Mutter eine Lügnerin sei, denn sie hätte gewusst, dass er sie holen würde. Später sagte Viviane ihren Söhnen, dass ihr Vater nicht vertrauenswürdig sei und dass man das, was er sagt, nicht glauben solle. Die beiden Brüder wussten nicht mehr, wem sie vertrauen sollten. Sie waren verängstigt und durcheinander. Emmanuel beschloss, seinem Vater zu glauben und verbündete sich mit ihm gegen die Mutter. Jonas versucht immer noch, auf beide Rücksicht zu nehmen und zwischen ihnen zu vermitteln.

Die Exzesse von Lügnern

Zwanghafte Lügner können nicht anders, als zu übertreiben und Tatsachen zu erfinden, um Eindruck zu schinden und die Bewunderung ihrer Umgebung zu ernten. Dieser Wunsch ist stärker als alles andere. Das geht so weit, dass die anderen kaum begreifen, was die Lügner sagen, weil sie so von ihrer Neigung, immer aufschneiden zu wollen, genervt sind. *Das, was man auslöst, sagt mehr aus als das, was man sagt*. Lügen, mit denen man beeindrucken will, behindern die Kommunikation mit anderen. Es ist kaum wichtig, was die Lügner sagen, ihre Botschaft bleibt dieselbe: „Schaut, wie toll, intelligent und raffiniert ich bin …" Bei den Verführern lautet der Text eher: „Lasst euch von meiner Schönheit und meinem Charme betören." Bei jenen, die Mitleid erregen wollen, wäre die unterschwellige Botschaft ihrer Lügen: „Schaut, wie ich leide und wie arm ich dran bin." Diejenigen, die sich durch ihre Lügen besser machen wollen als andere, sagen: „Stellt fest, dass ich der Bessere bin. Der andere ist mir unterlegen!" Die Lügner, die sich in ein gutes Licht rücken wollen, suchen Aufmerksamkeit und Anerkennung. Sie wollen immer Recht haben und lügen, um nicht Unrecht zu haben, was ihren Umkreis irritiert. Auf lange Sicht werden sie zur Lachnummer ihrer Umgebung, die sich über ihre Lügen lustig macht und weder davon beeindruckt noch betört ist. Folglich müssen sie sich häufig neue Freunde suchen.

Im Grunde sind diese Lügner sehr unsicher und wollen geliebt werden. Einige sehen sich wirklich als überlegen an, aber die meisten zweifeln an ihrem Selbstwert und lügen, damit man sie bewundert und schätzt. Unglücklicherweise führen ihre Lügen eher dazu, andere abzuschrecken, als sie anzuziehen. Es ist eine große Lüge, sich jemand anderem gegenüber überlegen zu fühlen. Eine ebenso große ist, sich minderwertig zu fühlen. Liegt nicht die Heilung der Exzesse dieser Art Lügen in der Akzeptanz seiner selbst mit seinen Stärken und Schwächen?

Im schlimmsten Fall lügt eine Person so sehr, dass ihr ganzes Leben auf einer Lüge basiert. Mord scheint dann der einzige Ausweg zu sein, wenn die Wahrheit kurz davor ist, ans Licht zu kommen. So ist es dem zu trauriger Berühmtheit gelangten Jean-Claude Romand ergangen, dessen Geschichte Gegenstand eines Buches und zweier Filme[22] wurde.

Wenn die Lüge zum Mord führt

Jean-Claude Romand wuchs in einer Schweizer Familie auf, deren oberste Regel es war, niemals zu lügen, die Notlüge jedoch war gang und gäbe. Er war im ständigen Konflikt mit einem doppelten Zwang: Einerseits durfte er nicht lügen, andererseits musste er manche Dinge verschweigen, um keinen Ärger zu bekommen. Nach seinem zweiten Jahr im Medizinstudium erschien Jean-Claude nicht zu den Prüfungen. Statt zu sagen, dass er deprimiert war, weil seine zukünftige Frau ihn hatte abblitzen lassen, oder dass er seinen Wecker nicht gehört hatte, behauptete er, bestanden zu haben. Im nächsten Jahr schrieb er sich wieder fürs zweite Jahr ein und ging auch zu den Vorlesungen

---

22 Emmanuel Carrère: *L'adversaire*. France Loisirs, Paris 2000. Die Filme sind die beiden letzten auf der Liste im Anhang dieses Buches.

des dritten Jahrs, ohne die Prüfungen zu schreiben. In diesem Augenblick begann er, sich selbst zu belügen. Zwölf Jahre lang machte er das: Er schrieb sich fürs zweite Jahr ein und besuchte gleichzeitig die Kurse aller folgenden Jahre. Dann tat er so, als hätte er seinen Doktor gemacht und gab anschließend vor, medizinischer Wissenschaftler in der Weltgesundheitsorganisation zu sein. Trotz all seiner Lügen heiratete er wirklich und wurde Vater zweier Kinder. 18 Jahre lang hat er alle Welt erfolgreich an der Nase herumgeführt. Er lieh sich Geld unter dem Vorwand, Investitionen zu tätigen. Seine Philosophie war: „Hören Sie vor allem nicht auf Ihre Freunde, wenn sie Sie bitten, ehrlich zu sein. Wenn Sie sich in dieser Lage befinden, zögern Sie nicht: Versprechen Sie, die Wahrheit zu sagen, und lügen Sie das Blaue vom Himmel herunter." Als einige Leute anfingen, seine Lügen anzuzweifeln, konnte Jean-Claude Romand den Gedanken nicht ertragen, sein Umfeld zu enttäuschen und dem schmeichelhaften Bild von sich, das er über Jahre aufgebaut hatte, zu schaden. Am selben Abend, am 9. Januar 1993, ermordete er seine Eltern, seine Frau und seine beiden Kinder. Sein Selbstmordversuch schlug fehl und er sitzt momentan eine lebenslange Haftstrafe ab. Er sagt, dass das Dasein als Mörder, die unterste Stufe des Seins, leichter sei als die 20 Jahre Lügen, die seinen Morden vorangegangen waren. Seine Lügen haben seine Existenz ruiniert und seine Angehörigen das Leben gekostet.

Beobachtungsübung

Die Aufwertungslügen sollen das Bild von sich in den Augen der anderen verbessern. Das höchste Ziel ist, geliebt zu werden. Die folgende Übung wird Ihnen ermöglichen, sich Ihren Lügen dieser Art zu stellen. Wenn Sie sich nicht als Lügner ansehen, seien Sie aufrichtig genug, anzuerkennen, dass jeder schon einmal gelogen hat, um sich besser zu machen, und dass Sie es unter gewissen Umständen auch tun könnten.

Setzen Sie sich aufrecht hin, mit den Füßen fest auf dem Boden. Schließen Sie für ein paar Minuten die Augen und konzentrieren Sie sich auf Ihre Atmung. Wenn Sie Ihre innere Ruhe gefunden haben, stellen Sie sich die folgenden Fragen. Sie können nach jeder Frage die Augen schließen, dann schreiben Sie die Antworten auf, die in Ihnen entstehen:

- Welche Lüge habe ich kürzlich erzählt, um jemanden zu beeindrucken?
- Welche Lüge habe ich schon erzählt, um Mitleid zu erregen?
- Welche Lüge habe ich schon erzählt, um jemanden herabzusetzen?
- Welches ist die größte Lüge, die ich in meinem Leben erzählt habe, um geliebt zu werden?
- Welches ist die größte Lüge, die ich mir selbst erzähle?

Wenn Sie oft Aufwertungslügen verwenden, wird Ihnen die Beobachtung dabei helfen, die wahren Gründe dafür zu verstehen. Wenn ein Ihnen nahe stehender Mensch regelmäßig diese Lüge anwendet, können Sie ihn nun besser verstehen und werden ihn weniger verurteilen. Verstehen ist die erste Etappe, um Brücken des Vertrauens, des Verzeihens und des Mitgefühls zu bauen, die in jeder gesunden und authentischen Beziehung notwendig sind.

Die Kunst, Lügen zu entlarven

Kein Mensch hat genügend Erinnerungsvermögen,
um perfekt zu lügen.
Abraham Lincoln

Jeder hat die Fähigkeit, Wahrheit und Lüge zu unterscheiden, aber die meisten Leute machen es nicht richtig. Die Mythen rund um die Lüge tragen nicht dazu bei, sie aufzudecken. Wenn Sie also zu denjenigen gehören, die glauben, dass ein Lügner den Blick der Person, die er belügt, meidet, werden Sie nicht in der Lage sein, eine Lüge zu entlarven, die kaltblütig Auge in Auge erzählt wird. Und Sie können kaum vermeiden, belogen zu werden. Sie können sich am besten schützen, wenn Sie lernen, die komplexen Verhaltensweisen, die mit der Lüge zusammenhängen, zu erkennen.

Bevor Sie die vier Komponenten der Kommunikation – also Körper, Gesicht, Stimme und Worte – entziffern können, müssen Sie sich vorbereiten: Fragen Sie sich, was Sie suchen, machen Sie Ihren Kopf frei und stellen Sie den Modus „Zuhören“ ein. Das sind die wichtigsten Mittel, um den Gesprächspartner zu „lesen“ und Lügen aufzudecken. Wir sollten uns nicht wie ein Anfänger aufführen, der vergisst, auf den Kontext zu achten, und so ärgerliche Fehler macht. Wenn wir dazu bereit sind, sollten wir den sieben Regeln folgen, mit denen man Lügen enttarnen kann, und so den Erfolg unseres Vorhabens begünstigen. In diesem Rahmen stellt sich unsere Intuition als eines der nützlichsten Instrumente heraus. Jetzt sollten wir nur noch lernen, sie einzusetzen! Der folgende Test wird Ihnen sofort zeigen, ob Sie die Gabe bereits besitzen …

Test: Besitzen Sie einen guten „Lügendetektor“?[1]

Um herauszufinden, ob Sie die Grundlagen haben, um Lügen zu entlarven, beantworten Sie die folgenden Fragen auf einem Blatt Papier mit „richtig“ oder „falsch“, ohne zu viel darüber nachzudenken. Die erste Antwort, die Ihnen in den Sinn kommt, stimmt für gewöhnlich. Belügen Sie sich nicht selbst!

1. Wenn ich eine Straße entlanggehe, bin ich mir immer der Menschen bewusst, die hinter oder neben mir laufen.
2. Wenn eine Person oder eine Situation ein negatives Gefühl in mir auslöst, frage ich mich immer, warum.
3. Ich bin nicht erstaunt, wenn sich mein erster Eindruck bestätigt.
4. Wenn ich jemanden nicht mag, nehme ich mir die Zeit, meine Antipathie gegen ihn zu analysieren.
5. Wenn ich jemanden mag, denke ich oft darüber nach, warum ich ihn mag.
6. Wenn mir eine Person, die ich gerade erst kennen gelernt habe, unsympathisch ist, bin ich mir dieses Gefühls bewusst. Ich versuche nicht, es mir mit meiner eigenen Müdigkeit oder schlechten Laune zu erklären.
7. Ich erinnere mich fast immer an das, was die Leute zu mir sagen.
8. Wenn ich mich unterhalte, achte ich sehr auf den Gesichtsausdruck meines Gesprächspartners.
9. Ich achte sorgfältig auf die Stimmlage meiner Gesprächspartner. Folglich errate ich immer ihre Gefühle, wenn sie mit mir sprechen.
10. Ich bin nicht naiv, ich glaube nicht alles, was man mir sagt.

---

23 Die Fragen stammen aus dem Test: „Kann ich die anderen lesen?“ im Buch *Je sais ce que tu penses* von Lillian Glass, Les Éditions de l'Homme, Montreal 2003. Auch die folgenden Tests über den Gesichts-/Stimmlagen- und Wörtercode sind hierin zu finden.

11. Ich hinterfrage das, was die Leute sagen, ich überzeuge sie davon, die Verantwortung dafür zu übernehmen, indem ich sie bitte, es mir zu erklären – vor allem, wenn ich nicht ihrer Meinung bin.
12. Meistens merke ich, wenn jemand mich belügt oder die Wahrheit verformt.
13. Ich merke immer, ob mich jemand mag.
14. Ich erinnere mich genau daran, wie jemand sich verhielt, während er mir eine bestimmte Geschichte erzählte.
15. Wenn ich die Art beschreiben müsste, wie jemand spricht, hätte ich keine Schwierigkeiten, mich daran zu erinnern.
16. Ohne eine konkrete Bedrohung ausmachen zu können, fühle ich mich in Anwesenheit einer Person, die ich gerade erst kennen gelernt habe, unwohl oder ängstlich.
17. Ich kann mir Wort für Wort merken, was jemand zu mir gesagt hat.
18. Wenn jemand etwas unbedacht sagt, bemerke ich das sofort.
19. Meistens merke ich, wenn Komplimente nicht ehrlich oder Bemerkungen unhöflich sind, und weiß sofort, was die Person mir damit sagen will.
20. Wenn mir etwas nicht gefällt, macht sich sofort mein Körper bemerkbar, ich spüre es im Hals oder im Solarplexus.
21. Ich neige zum Schwitzen, wenn mir etwas nicht passt oder ich sehr angespannt bin.
22. Wenn mich etwas bedrückt, esse ich mehr oder weniger als normalerweise.
23. Wenn Leute in ihren Worten inkonsequent sind, frage ich oft noch einmal nach.
24. Wenn ich jemanden verdächtige, mir nicht die Wahrheit zu sagen, stelle ich ihm detaillierte Fragen dazu.

25. Wenn jemand etwas sagt, das im Widerspruch zu seinem Gesichtsausdruck oder seiner Körpersprache scheint, merke ich das immer.

Geben Sie sich für jedes „richtig" einen Punkt, für jedes „falsch" null Punkte. Addieren Sie dann Ihre Punkte.

Ergebnisse

25 Punkte: Sie verfügen über einen ausgezeichneten Lügendetektor! Wenn Sie 25-mal mit „richtig" geantwortet haben, ohne sich selbst zu belügen, haben Sie eine ausgezeichnete Beobachtungsgabe und sind mit Ihrer Intuition und Ihren Empfindungen absolut im Einklang. Sie sind sich Ihrer Gefühle bewusst und achten auf Ihre Umwelt. Gratulation! Sie erkennen Lügen leicht und man belügt Sie nicht zweimal. Sie besitzen wichtige Werte wie Aufrichtigkeit, Integrität und die Sorge um andere. Ihre Sensibilität und Ihre Fähigkeit, zwischen den Zeilen dessen zu lesen, was andere Ihnen sagen, machen Sie zu einer guten Führungspersönlichkeit. Aber selbst wenn Sie den Test mit 100 Prozent bestanden haben, können Sie noch dazulernen!

17–24 Punkte: Sie besitzen einen guten Lügendetektor! Dieses Ergebnis macht deutlich, dass Sie gute Instinkte haben, es aber manchmal im Nachhinein bedauern, nicht auf sie gehört zu haben. Sie haben nicht genug Vertrauen in Ihre Fähigkeit, eine Situation richtig einzuschätzen. Hin und wieder bedauern Sie, etwas getan zu haben, obwohl Sie schon vorher wussten, dass es nicht funktionieren würde. Sie müssen einfach besser verstehen, wie Ihre Intuition arbeitet, und sich über die Art und Weise, eine Lüge zu entlarven, bewusst werden, um sie noch zu perfektionieren.

8–16 Punkte: Ihr Lügendetektor ist defekt. Sie gehen nicht gern Risiken oder Wagnisse ein. Sie hassen Konfrontationen und bevorzugen den Status quo. Wenn man Sie belügt, schließen Sie lieber die Augen, als den Lügner zu beschämen. Damit belügen Sie sich selbst, indem Sie so tun, als würden Sie die Schwindeleien glauben, die der andere Ihnen erzählt. Manchmal sehen Sie klar und bemerken die Lüge, ignorieren sie aber dennoch. Dann wieder wollen Sie die Wahrheit einfach nicht sehen und glauben die Lüge. Dieses Buch wird Ihnen dabei helfen, Ihre Fähigkeit, Lügen zu enttarnen, auszubauen. Sie werden lernen, Ihrer Wahrnehmung mehr zu vertrauen und leichter zu erkennen, wem Sie trauen können.

0–7 Punkte: Die Lüge bringt Sie völlig durcheinander. Sie brauchen Hilfe. Wahrscheinlich machen Sie immer wieder dieselben Fehler. Sie werfen sich vor, hinters Licht geführt zu werden und es nicht zu merken. Sie sind es leid, sich beschwindelt, betrogen, verraten und gefoppt zu fühlen. Entweder haben Sie eine ruhige Natur und glauben alles, was man Ihnen erzählt, oder Sie sind dermaßen auf sich konzentriert, dass Sie die Signale, die die anderen Ihnen senden, nicht mitbekommen. Folglich ist es nicht erstaunlich, dass Sie immer enttäuscht und verletzt sind. Die Lektüre dieses Buchs sollte in der nächsten Zeit in Ihrem Leben Vorrang haben. Indem Sie lernen, das zu dekodieren, was die anderen Ihnen sagen, und ihre Lügen zu entlarven, wird Sie nichts mehr aus der Fassung bringen und Sie werden im Sattel bleiben. Sie werden das Reiten lieben und nicht mehr ständig stürzen und sich verletzen.

Bereiten Sie sich darauf vor, die Lügen aufzudecken

Der Mensch kann nicht zwei Gedanken gleichzeitig haben. Man kann natürlich einen Gedanken im Hinterkopf haben, während ein anderer vorrangig ist, aber es ist unmöglich, im selben Augenblick gleich intensiv an zwei verschiedene Sachen zu denken. Wer lügt, muss viele verschiedene Dinge miteinander verbinden: Wahrheit und Lüge, die Logik der Worte, Nervosität, Gefühle wie die Angst, erwischt zu werden, und Schuld – ebenso wie ihre Verkleidung – , die Strategien, die man anwenden sollte, damit die Lüge geglaubt wird usw. Da der Lügner weder alles vorhersehen noch alles kontrollieren kann, verrät er sich zu gegebenem Zeitpunkt auf die eine oder andere Weise. Auch wenn er die Lüge vorher geübt hat, kann er nicht all unsere Fragen und Reaktionen vorausahnen. Daher kann man ihn verunsichern und überraschen. Auch ein erfahrener Lügner lässt sich demaskieren. Wie es Abraham Lincoln so treffend formulierte: „Man kann manchmal jeden täuschen, man kann manche Menschen immer täuschen, aber man kann nicht jeden immer täuschen." *Das Aufdecken der Lügen beruht auf dem Erkennen und auf der Dekodierung dessen, was bei den Kommunikationscodes nicht zusammenpasst.*

Um klar zu sehen, wenn jemand etwas zu Ihnen sagt, müssen Sie ganz genau auf das Gespräch und seine Komponenten achten: die Worte des anderen, seine Stimme, sein Gesicht, seinen Körper. Das verlangt eine gewisse Vorbereitung. Fragen Sie sich zunächst, welche Informationen Sie gern überprüfen würden. Versuchen Sie dann Ihre Unsicherheit zu vergessen. Folgen Sie schließlich dem Rat unserer Grundschullehrerinnen, als sie uns beibrachten, über die Straße zu gehen: stehen bleiben, schauen und horchen.

Was wollen Sie wissen?

Wenn Sie nicht wissen, was Sie suchen, werden Sie, ohne es zu wollen, eines der Peter-Prinzipien anwenden: Wenn man nicht weiß, wohin man geht, kommt man woanders an! Bevor Sie Ihren Lügendetektor aktivieren, müssen Sie sich ein paar Fragen stellen: Warum wollen Sie die Aufrichtigkeit einer Person überprüfen? Welches Ziel haben Sie? Worüber wollen Sie sich bei der Person vergewissern? Konzentrieren Sie sich auf diese Fragen. Wenn Sie das nicht tun, könnten Sie paranoid werden und blindlings überall Lügen vermuten. Wollen Sie wissen, ob Ihr Gesprächspartner vertrauenswürdig ist? Sie sind Arbeitgeber und wollen wissen, ob die Person, die Sie einstellen wollen, wirklich die Qualifikation besitzt, die ihr Lebenslauf angibt? Oder Sie sind verliebt und wollen über Ihren Freund/Ihre Freundin wissen: Will er/sie sich wirklich binden oder will er/sie nur Zeit gewinnen und weiß noch nicht, was er/sie will? Legen Sie genau fest, was Sie wissen wollen, bevor Sie sich mit der Person treffen.

Wenn Sie einen Partner, mit dem Sie eine Familie gründen wollen, oder einen Babysitter suchen, ist es wichtig, sich zu vergewissern, dass derjenige kinderlieb ist. Aber sie werden Ihnen natürlich sagen, was Sie hören wollen, auch wenn das gar nicht stimmt. Sie dürfen sich also nicht nur auf das verlassen, was sie Ihnen erzählen. Der Babysitter braucht vielleicht dringend Geld und ist nicht unbedingt für eine andere Tätigkeit qualifiziert. Der potenzielle Partner sucht vielleicht nur eine Geliebte, denkt aber, dass es günstig sei, Ihnen eine lange gemeinsame Zukunft auszumalen, und stellt daher ein so genanntes Interesse an einer Vaterschaft in den Vordergrund. Wenn man eine Sekretärin anstellen will, ist es nicht wichtig, zu wissen, ob sie Kinder mag. Sie müssen sich jedoch ihres Verantwortungsgefühls vergewissern. Wenn Sie ihr die Frage stellen: „Können Sie Verantwortung tragen?“, können Sie sicher sein, dass sie nicken wird, ob das nun stimmt oder nicht. All Ihre Sinne müssen geschärft sein, wenn Sie mit jemandem sprechen, der zu Ihrem Leben gehören möchte oder den Sie einstellen wollen.

Das Wichtigste ist, die Realität im Auge zu behalten. Davon hängen Ihre Zufriedenheit, Ihre Sicherheit, ja sogar Ihr Beziehungsglück ab.

Die Konzentration auf sich selbst

Sie müssen sich auf sich selbst konzentrieren, um in der Lage zu sein, zu dekodieren, was Ihr Gesprächspartner Ihnen mit seinen Worten, seiner Stimme, seinem Gesicht und seinem Körper mitteilt. Die Konzentration auf sich selbst hilft vermeiden, dass man sich in äußere Reize verliert, und ermöglicht, sich der Intuition zu öffnen. Ihre Technik, wie Sie zweitrangige Sorgen hinter sich lassen und sich auf sich selbst konzentrieren – Meditieren, Handarbeiten, Spazierengehen – ist nebensächlich, das Ergebnis bleibt dasselbe: Sie sind offener sich selbst und dem anderen gegenüber. Nicht nur, dass Sie die mentale Geräuschkulisse verringern, versuchen Sie außerdem, äußere Geräusche zu vermindern bzw. zu eliminieren. Die folgende Übung hilft Ihnen dabei, sich auf sich selbst zu konzentrieren und Ihren Kopf frei zu machen. So wird Ihr Urteil weniger von der Realität abweichen, wenn die Zeit kommt, zu dekodieren, was Ihr Gesprächspartner Ihnen sagt.

Atemübung

Die bewusste Atmung ist eine von vielen Autoren, darunter auch Lillian Glass, empfohlene Technik. Sie wird Ihnen dabei helfen, Ihre unaufhörlichen Gedanken loszuwerden, die Sie daran hindern, den anderen aufmerksam zuzuhören.

Nehmen Sie sich unmittelbar vor Ihrem Rendezvous ein paar Minuten Zeit, um tief durchzuatmen.

- Atmen Sie drei Sekunden ein.
- Halten Sie den Atem drei Sekunden an.
- Lassen Sie nun langsam zehn Sekunden lang die Luft aus Ihren Lungen heraus.
- Wiederholen Sie diese Übung zehn Mal in Folge. Sie werden überrascht sein, wie entspannt Sie sich fühlen werden.

Das Ganze wird Sie keine zwei Minuten kosten. Wenn Sie Zeitmangel vorschieben, um die Übung nicht zu machen, ist das wirklich eine große Lüge! Wenn Sie nicht überzeugt sind, dass Ihnen die Übung gut tut, sollten Sie wissen, dass sie auch dazu beiträgt, sämtliche Beunruhigungen, die Ihren Geist noch vor wenigen Minuten in Anspruch genommen haben, verschwinden zu lassen. Die meisten Leute können wegen der Sorgen, die ständig auf ihnen lasten, nicht vollkommen für den anderen da sein. Sie können Ihre Aufmerksamkeit nicht auf den anderen konzentrieren und einen klaren Kopf ohne Vorurteile bewahren. Sie machen zwangsläufig mehr Fehler bei ihrem Urteil, denn ihre Beobachtungen sind nicht korrekt. Nehmen wir das Beispiel eines Mannes, der sich gerade mit seiner Frau gestritten hat. Wenn er sich vor einem wichtigen Meeting nicht wieder auf sich selbst konzentriert, wird seine Wut ihn begleiten und er läuft Gefahr, negativ auf seine Kollegen zu reagieren. Wenn er vor dem Meeting die Wut aus seinem Geist und seinem Herzen eliminiert, wird er voll präsent sein und den anderen aufgeschlossen gegenübertreten.

Bevor Sie weiterlesen, sollten Sie diese Technik ausprobieren. Wenn Sie sich einmal daran gewöhnt haben, werden Sie sie leicht anwenden können, um einen Gesprächspartner besser zu verstehen. Wenn Sie während der Übung die Augen schließen, werden Sie 80 Prozent der äußeren Einflüsse ausschließen, die vom Sehsinn herrühren. Das begünstigt Entspannung und Konzentration umso mehr.

Stehen bleiben, schauen, horchen

Erinnern Sie sich an die Anweisungen, die wir als Kind bekamen, um zu lernen, wie man über die Straße geht? Zuerst mussten wir am Bürgersteig stehen bleiben, dann nach rechts, links und noch einmal nach rechts schauen. Anschließend mussten wir auf sich nähernde Motorengeräusche horchen. Erst dann durften wir gehen. Diese Anweisungen zu ignorieren konnte schwer wiegende Verletzungen bedeuten, ja sogar unser Leben gefährden. In den zwischenmenschlichen Beziehungen riskieren wir ebenfalls Verletzungen, diesmal emotionaler Art, wenn wir nicht die gleichen Regeln befolgen: stehen bleiben, schauen, horchen. Sie anzuwenden würde uns viel Kummer und Leid ersparen. Das empfehlen Lillian Glass und Jo-Ellan Dimitrius. Die folgende Übung wird Sie daran gewöhnen, zu dekodieren, was Ihnen ihre Mitmenschen sagen.

Die Übung des Überwindens

Es geht nun nicht mehr darum, eine Straße zu überqueren, sondern vielmehr die Mauer des äußeren Scheins, um die Wahrheit des Gesprächspartners besser zu sehen und zu hören.

Wenn Sie das nächste Mal einer Person begegnen, die Sie besser verstehen wollen, sagen Sie sich mental „Stopp!".

- Grüßen Sie sie oder sagen Sie etwas Belangloses (denken Sie beispielsweise ans Wetter) und nutzen Sie den Augenblick, um sich zu sammeln.
- Atmen Sie zwei Sekunden durch den Mund ein.
- Halten Sie zwei Sekunden den Atem an.
- Stellen Sie sich beim Ausatmen vor, dass Sie alle Vorurteile, positive wie negative, gegen diese Person wegwerfen. So haben Sie die Möglichkeit, sie so zu sehen, wie sie ist, und nicht so, wie Sie glauben, dass sie ist. Oft nehmen wir die Menschen in unserer Nähe wegen unserer vorgefassten Meinungen mit zehn Jahren Verspätung wahr.
- Machen Sie weiter die Atemübung und beginnen Sie, sich visuelle Eindrücke einzuprägen.
- Wenn Sie können, sollten Sie die Atemübung fortführen. Wenn nicht, konzentrieren Sie sich nur auf das, was Sie sehen: die Körperhaltung Ihres Gesprächspartners, die Position seiner Arme und

Hände und seinen Gesichtsausdruck.

- Hören Sie dann gut zu, was er Ihnen sagt. Achten Sie auf seine Stimmlage. All das geschieht in weniger als 30 Sekunden. Sie haben gerade die Mauer des äußeren Scheins Ihres Gegenübers überwunden.

Das, was wir sind, sagt mehr aus als unsere Worte

Fragen Sie sich, während Sie weiterhin durch den Mund ausatmen, was Sie für diese Person empfinden. Fühlen Sie sich in ihrer Anwesenheit wohl oder unwohl? Beim Lesen der nächsten Kapitel werden Sie herausfinden, warum Sie sich bei gewissen Personen unwohl fühlen: Ihre nonverbale Sprache widerspricht oft ihren Worten. Ihr Unterbewusstsein erkennt die Unstimmigkeit und warnt Sie. Sie lügen vielleicht nicht, aber sie sind höchstwahrscheinlich nicht durchschaubar oder aufgeschlossen.

Seien Sie nicht beunruhigt über Ihre eindringliche Art, jemandem zuzuhören. Wenn der Gesprächspartner nicht sehr aufmerksam ist, wird er nichts bemerken. Wenn er etwas dazu sagt, sagen Sie die Wahrheit: „Ich beobachte Ihre Körpersprache aufmerksam und höre Ihnen wirklich zu.“ Er wird entzückt sein, Ihre ganze Aufmerksamkeit zu haben. Das kommt so selten vor! Und geben Sie nicht damit an, dass Sie Lügner entlarven können! Sie werden Ihren Gesprächspartner in Verteidigungshaltung bringen und eine Atmosphäre voller Misstrauen schaffen. Wenn Sie Ihre neue Fähigkeit nicht erwähnen, ist das keine Auslassungslüge. Jeder hat ein Recht auf seinen geheimen Garten …

Achten Sie auf den Kontext

Der Kontext eines Gesprächs beeinflusst auf jeden Fall seinen Verlauf. Die Umgebung hat eine nicht außer Acht zu lassende Wirkung auf zwischenmenschliche Handlungen. Die Dekodierung der Kommunikation sollte nicht stückchenweise passieren, sondern man muss alle Codes in ihrer Gesamtheit berücksichtigen. Zu oft wird eine Geste falsch interpretiert, weil sie nicht in ihrem Kontext betrachtet wird.

Die Umgebung

Die Umstände und der Schauplatz haben eine große Bedeutung. Jeder ist in einer feindlichen Umgebung nervös. Jo-Ellan Dimitrius, deren Arbeit in den USA daraus besteht, zukünftige Geschworene für Prozesse auszuwählen, gibt zu, dass sie sich darüber im Klaren ist, dass der Gerichtssaal eine feindliche Umgebung darstellt. Also zeigen alle Personen, die in dieser Atmosphäre befragt werden, Anzeichen der Nervosität, die leicht mit Anzeichen der Lüge verwechselt werden können. Sie muss also andere Techniken anwenden, um Nervosität und Unaufrichtigkeit zu unterscheiden. *Im Bereich der nonverbalen Kommunikation ist der häufigste Anfängerfehler, eine Geste außerhalb ihres Kontexts zu bewerten.* Vermeiden Sie also wichtige Gespräche an lauten Plätzen oder an Orten, wo Sie unterbrochen werden können. Finden Sie einen geeigneten Ort und nehmen Sie sich Zeit, sich zu entspannen, um sich auf das Treffen vorzubereiten.

Der Kontext der Dekodierung

Eine Geste muss in ihrem Kontext gesehen werdden. Das ist das Prinzip des großen Blickwinkels des Synergismus, der Lehre des Zusammenspiels verschiedener Faktoren: Man muss den Körper in seiner Ganzheit beobachten und sich nicht nur auf einen Teil konzentrieren. Mit dem Fuß wippen ist zum Beispiel normalerweise ein Zeichen für Nervosität. Wenn sich aber eine Frau gerade die Fußnägel lackiert hat, soll die Geste nur dafür sorgen, dass der Lack schneller trocknet! In seinem Buch gibt Allan Pease ein Beispiel für eine Geste, die ebenso gut eine Lüge wie auch Unsicherheit bedeuten kann: die Hand vor dem Mund. Nach einem Seminar, bei dem die Gespräche der Teilnehmer gefilmt wurden, wurde das Video gezeigt. Die Haltung des einen Befragten wirkte aufrichtig und offen. Als Antwort auf eine Frage hielt er sich die Hand vor den Mund. Pease, der das Seminar leitete, fragte ihn nach dem Grund für diese Geste. Der Mann gab zu, dass er nachgedacht hätte, weil er zwischen zwei Antworten zögerte. Außerhalb dieses Kontextes hätte es so scheinen können, als ob er eine Lüge vertuschen wollte. Der Rest seines Körpers signalisierte aber Offenheit und Aufrichtigkeit.

Ihre Schwester, die ihre Arme verschränkt, kann das tun, weil sie verärgert, in Verteidigungsposition oder nervös ist oder weil ihr kalt ist. Der Kontext wird das zeigen. Wenn Sie sich an das Prinzip des großen Blickwinkels zurückerinnern, werden Sie auch ihr Gesicht, ihre Beine, ihren Oberkörper betrachten, um ihren Zustand richtig einzuordnen. Sie werden auch daran denken, die Umgebung mit einzubeziehen. Wenn es im Zimmer kalt ist, brauchen Sie sie nicht zu fragen, ob sie wütend ist oder etwas verbergen will!

Die sieben Regeln von Walters

Wenn Sie die Übung des Überwindens ein paarmal gemacht haben, werden Sie besser in der Lage sein, zu dekodieren, was die anderen Ihnen sagen, weil Sie wissen, was Sie beachten müssen. Mehrere Bücher handeln davon, Lügen aufzudecken, aber Vorsicht ist geboten, weil einige Autoren die Vorgehensweise maßlos vereinfachen. Das führt zu Fehltritten.[24] Um zu vermeiden, fälschlicherweise jemanden der Lüge zu beschuldigen, sollten Sie sich vergewissern, die Regeln von Stan B. Walters – amerikanischer Autor und Experte auf dem Gebiet – verinnerlicht zu haben. Einige Autoren verwenden dieselben

---

24 So verhält es sich in dem Buch von Milton Cameron, *Les gestes et les attitudes qui parlent*. Les Éditions Québecor, Montréal 2002.

Regeln unter anderem Namen. Damit werden wir uns befassen, um ein wenig Ordnung in das Thema zu bringen.

1. Die Konstanz

Da es kein Signal gibt, das an sich schon beweist, ob jemand lügt, kann man keine Lüge aufdecken, ohne vorher das normale Verhalten der fraglichen Person untersucht zu haben. Jeder hat sein eigenes Repertoire an Worten und Gesten. Manche Leute gestikulieren immer. Ihre Gestik ist konstant gegenwärtig. Andere bewegen sich weniger. In ihrem Fall hat das Gestikulieren eine Bedeutung, denn es weicht von ihrem normalen Verhalten ab. Die Konstanz ist der Maßstab, von dem ausgehend man festlegen kann, was vom gewöhnlichen Verhalten abweicht. Wenn wir lügen, unterscheiden wir uns mehr oder weniger davon, wie wir sind, wenn wir die Wahrheit sagen. Die Unterschiede können so fein sein, dass ein Fremder sie kaum bemerken würde. Aber derjenige, der die Konstanz unseres Verhaltens kennt und uns aufmerksam beobachtet, wird sehen, dass etwas nicht stimmt. Deshalb kann ein Kind seine Mutter nur schwer belügen. Sie kennt seine Kommunikationsweise so genau, dass jede Veränderung bei ihr ein Alarmglöckchen klingeln lässt. Um die Verhaltensweise eines Menschen zu definieren, muss man ihn beobachten. Sprechen Sie mit ihm über das, was ihn interessiert, und merken Sie sich, wie sich sein Interesse äußert. Am Anfang, wenn Sie von Signalen überhäuft werden, werden Sie nicht mehr wissen, wo Ihnen der Kopf steht. Jo-Ellan Dimitrius spricht eher von Verhaltensmustern als von der Konstanz. Sie sagt, dass niemand sich ständig absolut gleich verhält, aber dass trotz des unterschiedlichen Verhaltens verschiedene Modelle erkennbar sind. Das Wichtige daran ist, die hervorstechenden Eigenschaften einer Person herauszufinden. Was hebt sich aus seiner Ausdrucksweise hervor? Wie würden Sie diese Person beschreiben? Was ist an ihr bemerkenswert? Ihr nervöses Lächeln? Ihr ständiges Schulterzucken? Ihr Hang dazu, immer den Blick abzuwenden? Verschaffen Sie sich ausgehend von Ihren Beobachtungen einen ersten Eindruck.

Achten Sie aber auf das, was man in der Sozialpsychologie als „Vorrangeffekt" bezeichnet. Dieser Effekt besteht darin, dass unser erster Eindruck haften bleibt, auch wenn danach gegensätzliche Eindrücke folgen: Wenn unser erster Eindruck einer neuen Nachbarin ist, dass sie aufrichtig ist, laufen wir Gefahr, später kein Symptom der Lüge mehr an ihr zu erkennen.

Philippe Turchet, Autor von *La synergologie*, empfiehlt seinerseits, zunächst auf die Begrüßungs- und Abschiedsgesten der Person zu achten. So können Sie erfahren, ob die Person Lust auf Ihre Gesellschaft hat oder eher nicht, ob sie am Gespräch interessiert ist oder sich langweilt. Wir werden im folgenden Kapitel, das sich mit der Körpersprache befasst, noch mehr darüber reden.

2. Die Veränderungen

Im Laufe eines normalen und offenen Gesprächs passen sämtliche verbalen und nonverbalen Signale zusammen. Jeder Versuch, die empfundenen Gefühle zu verbergen, zu maskieren oder zu verfälschen, bringt das System aus dem Gleichgewicht und zerstört die Harmonie der Konversation. Wenn Sie einmal die Konstanz der Person, mit der Sie sprechen, definiert haben, beobachten Sie, was sich ändert. Tritt eine neue Eigenschaft hervor? Hört eine ständige Verhaltensweise abrupt auf? Ein wenig gesprächiger Mensch kann zum Beispiel bei der Antwort auf eine Ihrer Fragen auf einmal redselig werden. Jemand, der unaufhörlich mit den Händen spricht, kann auf einmal ganz bewegungslos werden. Diese Veränderungen haben meistens eine Bedeutung. Auffällige Veränderungen in der Stimmlage, den Gesichtsausdrücken oder den Gesten signalisieren Veränderungen der Gedanken oder Gefühle, ebenso wie die Leuchtanzeigen am

Armaturenbrett, die den Benzinstand oder die Motortemperatur angeben.

Wichtig ist, sich die Worte zu merken, die vor den Veränderungen gewechselt wurden. Der Körper braucht zwischen drei und fünf Sekunden, um auf einen Reiz wie eine Frage oder Bemerkung zu reagieren. Die Veränderung zeugt von einer Reaktion auf das Gesagte. Wenn Sie einen veränderten Gesichtsausdruck beobachten, ohne ihn in Zusammenhang mit den unmittelbar davor gewechselten Worten bringen zu können, werden Sie die Veränderung nicht korrekt interpretieren können. Daher ist es wichtig, das Gespräch ganz bewusst wahrzunehmen. Wenden Sie die Gleichzeitigkeitsregel von Philippe Turchet an. Sie müssen die unbewusste Botschaft in dem Moment lesen, in dem sie entsteht: „Es empfiehlt sich also, *das, was wir sehen, augenblicklich zu dekodieren.*“[25] Das ist nicht einfach. Mit ein wenig Geduld werden Sie es aber schaffen. Testen Sie sich, indem Sie sich Filme ansehen, in denen es um Lügner geht. Hören Sie beim ersten Mal zu, schauen Sie sie dann noch einmal ohne Ton an und konzentrieren Sie sich dabei auf die nonverbale Sprache. Machen Sie oft die Überwindungsübung, wenn Sie wirklich lernen wollen, zu dechiffrieren, was die anderen Ihnen sagen, und die Unstimmigkeiten zu erkennen.

3. Die Fassetten des Verhaltens

Die menschliche Kommunikation ist eine komplexe Interaktion verbaler und nonverbaler Verhaltensweisen, wovon jede eine Antwort auf innere und äußere Reize darstellt – seien es nun Gedanken oder Gefühle, die an erster Stelle stehen, oder Fragen und Reaktionen des anderen an zweiter Stelle. Statt sich auf ein bestimmtes Verhalten zu konzentrieren, wie die Abwendung des Blicks, sollten Sie die Verhaltensweisen zusammentragen.

---

25 Philippe Turchet: *La synergologie*. Les Éditions de l'Homme, Montréal 2000, S. 42.

Jeder Mensch besitzt ein Repertoire an unterschiedlichen Verhaltensweisen – je nachdem, ob er gestresst oder ganz entspannt ist, ob er die Wahrheit sagt oder lügt. Keine spezifische Geste charakterisiert die Lüge. Das wäre zu einfach! Symptome, die bei dem einen eine Lüge verraten, können bei jemand anders gar nie auftauchen.

Während Sie sich auf den Blick einer Person konzentrieren, die Sie der Lüge verdächtigen, achten Sie nicht auf ihre Hände, die in dem Moment gestikulieren, in dem sie Sie ansieht. Tappen Sie nicht in die Falle, Aufrichtigkeit zu diagnostizieren, indem Sie sich auf eine einzige Verhaltensweise berufen, auch wenn diese scheinbar die Aufgeschlossenheit beweist. Im menschlichen Verhalten ist nichts absolut.

Versuchen Sie die Fassetten des Verhaltens auszumachen. Der Schlüssel ist, mehrere Eigenschaften zu erkennen, die in dieselbe Richtung weisen. Sie können daraus schließen, dass Sie auf dem richtigen Weg sind und dass Ihr Risiko, sich zu irren, gering ist. Begehen Sie nicht einen an dieser Stelle häufigen Fehler: aufhören, Informationen zu sammeln, weil man denkt, eine signifikante Reihe von Verhaltensweisen entschlüsselt zu haben.

4. Eine immer gleiche Reaktion

Eine konstant gleich bleibende Reaktion auf ein bestimmtes Thema kann ein bedeutsamer Indikator für Betrug und Lüge sein. Erscheinen die Fassetten der Verhaltensweisen, die Sie beobachtet haben, immer gleich – also jedes Mal, wenn das heikle Thema angeschnitten wird? Geschehen Veränderungen in der Konstanz, wenn Sie ein Thema ansprechen (das ewige Zu-spät-Kommen Ihres Partners zum Beispiel), ist die Wahrscheinlichkeit groß, dass er nicht ehrlich ist und Sie belügt. Aber das steht natürlich noch nicht fest. Wenn Sie die Konstanz in Betracht ziehen, machen Sie es unmöglich, dass der andere zufällig reagiert. In einem bestimmten Zeitabschnitt versucht ein Lügner, immer lebhaft auf das delikate Thema zu reagieren. Es muss nicht so sein, dass sich dieselben Veränderungen bei ihm regelmäßig einstellen. Es genügt, dass sie sich jedes Mal dann einstellen, wenn Sie wieder auf das gewisse Thema zu sprechen kommen, bei dem Sie ihn der Lüge verdächtigen, und dass diese Veränderungen dann haufenweise kommen. Zum Beispiel: eine Bewegung, ein Abwenden des Blicks, ein Kratzen an der Nase. Wenn das passiert, gehen Sie zu einem neutralen Thema über und kommen Sie dann auf das vorherige zurück, während Sie genau beobachten, was passiert. Wenn wieder dieselbe Reaktion oder eine andere Reihe von Gesten folgt, kann es gut sein, dass Ihr Gesprächspartner Sie belügt. Aber beschuldigen Sie ihn nicht! Warten Sie noch ein bisschen ...

5. Vorgefasste Ideen

Wenn Sie die Techniken des Lügenaufdeckens effektiv und ernsthaft anwenden wollen, gehen Sie Gespräche aufgeschlossen an. Beobachtungen, die Sie auf der Grundlage Ihrer schon feststehenden Ansichten und Vorurteile machen, sind weder wertvoll noch zuverlässig. Glauben Sie schon, dass Ihr Partner Sie angelogen hat, bevor er überhaupt den Mund aufmacht? In diesem Fall sind Sie wie ein Richter, der ohne Prozess das Urteil spricht. Wenn Ihre vorgefasste Meinung Sie zu dem Glauben bringt, dass der andere gelogen hat, werden Sie nur die Gesten bemerken, die diesen Glauben noch vertiefen, was Ihre Zweifel vergrößern und Sie noch misstrauischer machen wird. Das bezeichnen die Psychologen als selektives Zuhören. Dieses Phänomen erklärt, warum es für uns so schwierig ist, unsere Ideen und Verhaltensweisen, politischen Ansichten und moralischen Werte zu ändern: Wir filtern alles heraus, was sich gegen unsere Ansichten richtet, und bleiben auf unserer Position sitzen.

Wenn Ihr Partner Lügensymptome aufweist, seien Sie vorsichtig, damit vorgefasste Ideen Ihre Beobachtung nicht fälschen und Sie irrtümliche Schlüsse ziehen. Wenn eine Liebesbeziehung im Spiel ist, müssen Sie aufpassen. Eine Beziehung, die auf Misstrauen basiert, wird schnell kontraproduktiv. Denken Sie daran, dass Vertrauen das ungeschriebene Gesetz aller intimen und persönlichen Beziehungen ist. Bei gesellschaftlichen Verbindungen ist das weniger gefährlich. Außerdem gibt es nichts Schlimmeres, als fälschlicherweise beschuldigt zu werden. Die Erfahrung haben Sie sicher auch schon gemacht ... Warum sollten Sie den anderen etwas antun, das Sie hassen?

Die feststehenden Ansichten können sich auch andersherum negativ auswirken: Wenn Sie von der Ehrlichkeit Ihres Partners überzeugt sind, werden Sie niemals eine Lüge erkennen.

6. Ursache – Wirkung

Wenn Sie mit jemandem reden, stellen Sie für diese Person einen Reiz dar. Einige Ihrer Verhaltensweisen und Reaktionen können sein Verhalten beeinflussen. Man muss sich also seiner selbst bewusst sein und sich genau kennen, um zu wissen, was man auslöst. So kann man einschätzen, was man beim anderen bewirkt.

Denken Sie daran, dass Ihre Handlungsweise einen Effekt auf die beobachtete Situation hat. Wenn Sie Veränderungen bemerken, die sich in aneinander gereihter Form präsentieren, fragen Sie sich, ob Ihr Gesprächspartner auf die Konversation reagiert oder auf Ihr eigenes Verhalten. Wenn Sie aggressiv, skeptisch oder herablassend sind, weil Sie glauben, dass Ihr Kind Sie belügt, wird seine Antwort natürlich Ihre Haltung und seine Gefühle gleichermaßen reflektieren.

Eine komische Geschichte ...

Herr Walters schenkte seiner Frau ein teures Parfüm. Eines Tages, als er auf Geschäftsreise war, stellte sie fest, dass die Flasche halb leer war. Sie fragte sich, wer ihr Parfüm so häufig benutzt haben konnte. Die Katze kam vorbei: Sie stank nach dem Parfüm! Frau Walters wollte den Schuldigen finden. Nachdem sie ihren Mann ausgeschlossen hatte, weil er nicht da war, befragte sie ihre Töchter, wer die Katze parfümiert hätte. Alle beide bestanden darauf, dass sie nichts davon wüssten. Die Mutter ließ nicht locker und war überzeugt, dass eine der beiden log. Die Mädchen leugneten weiterhin. Frau Walters sagte dann, dass sie jeder den Hintern versohlen würde, wenn die Schuldige sich nicht meldete. Die Jüngere gab das „Verbrechen“ dann zu. Sie bekam zwei Wochen Hausarrest und Fernsehverbot. Ein paar Tage nach der Befragung machte die ältere Tochter eine Bemerkung und die Mutter konnte daraus schließen, dass sie die eigentliche Schuldige war. Als sie sie damit konfrontierte, gab sie zu, dass sie die Katze aus Spaß parfümiert hätte. Frau Walters ging dann zur Jüngeren und fragte sie, wieso sie gelogen hatte. Sie antwortete: „Lieber habe ich Hausarrest, als eine Tracht Prügel zu bekommen.“ Verdutzt fragte die Mutter nun die Ältere, warum sie zugelassen hatte, dass an ihrer Stelle die Schwester bestraft wurde. Sie sagte: „Wenn sie so dumm ist, etwas zuzugeben, was ich getan habe, ist sie selbst schuld.“ Der Fall der jüngeren Tochter ist klar: Ihre Reaktion wurde von dem „ineffektiven“ Versuch von Frau Walters verursacht, mit der sie die beiden zum Reden bringen wollte.

7. Die Gegenprobe

Bevor man einen Schluss ziehen kann, muss man die Beobachtungen noch einmal durchgehen und die Tatsachen gegenprüfen. Der fatale Fehler ist, einen Menschen irrtümlicherweise zu beschuldigen. Nichts ist für eine Beziehung zerstörerischer als ein grundloser Vertrauensmangel und ein falsches Urteil über die Aufrichtigkeit des anderen zu fällen. Statt einen wichtigen Menschen zu Unrecht der Lüge zu bezichtigen, sollten Sie sich lieber vergewissern, die Unstimmigkeiten in seiner Kommunikation genau ausgemacht zu haben, um zu wissen, woran Sie sich halten können. Das ist die Gegenprobe: Machen Sie sich so bald wie möglich nach dem Gespräch Notizen darüber. Tun Sie das niemals während des Gesprächs – nicht nur, weil der andere sich verletzt fühlen und Ihnen nicht mehr zuhören könnte, sondern weil Sie sonst riskieren, das Gespräch stark zu verfälschen. Außerdem können Sie nicht gleichzeitig beobachten und notieren. Stellen Sie sich nach der Konversation folgende Fragen:

Gegenprobe

1. Welches ist die konstanteste Verhaltensweise meines Gesprächspartners?
2. Welche Veränderungen habe ich bemerkt?
3. Welche Veränderungen sind gemeinsam aufgetreten, die sich vom üblichen Verhalten meines Gesprächspartners unterscheiden?
4. Konnte ich seine Antworten beeinflussen? Wie?
5. Hatte ich eine vorgefasste Meinung? Konnte ich meine Verdächtigungen beiseite lassen, um ihm die Gunst des Zweifels zu gewähren?
6. Möchte ich in dieser Situation lieber eine Lüge als die Wahrheit hören?
7. Warum will ich wissen, ob er ehrlich ist?
8. Welches sind die Einsätze?
9. Was könnte ich verlieren, wenn meine Verdächtigungen sich als begründet herausstellen?
10. Was tue ich, wenn ich entdecke, dass er mich belogen hat?

Der wahre Test ist nicht das Aufdecken der Lüge, sondern zu wissen, ob Sie mit der Wahrheit leben können! Wenn Sie entdeckt haben, dass der andere Sie belügt, treffen Sie eine Entscheidung und handeln Sie. Werden Sie sich dazu entschließen, nicht mehr auf ihn zu zählen? Werden Sie ihn zu einem Geständnis zwingen? Das ist riskant, denn niemand wird gern des Lügens beschuldigt. Es gibt jedoch Extremsituationen, in denen der andere uns praktisch keine Wahl lässt.

Nachdem Sie Ihre ersten Beobachtungen gegengeprüft haben, sollten Sie dem anderen die Gunst des Zweifels gewähren, wenn Sie noch unsicher sind.

Treffen Sie eine Entscheidung

Ihre Fähigkeit, Lügen anderer zu entlarven und sie zu durchschauen, ist die Grundlage, um die anderen zu verstehen und ihr Verhalten vorherzusagen. Aber dafür sollte Ihr Geist offen sein. Die emotionale Verstrickung, die Angst, das Gefühl, dass etwas fehlt, und die Defensivhaltung schaden einer guten „Lektüre" des anderen. Sie müssen also Geduld haben, bevor Sie eine Entscheidung treffen – außer in Notfällen, in denen Ihr schnelles Handeln Sie vor Verletzungen schützen oder Ihnen sogar das Leben retten kann.

Die Richtigkeit Ihrer Entscheidung hängt von der Richtigkeit der Informationen ab, die Sie erhalten haben. Je zahlreicher und zuverlässiger die Informationen sind, desto korrekter werden Ihre Entscheidungen sein. Wenn Sie einmal überzeugt sind, dass Ihr Kind, Ihr Partner, Ihr Kollege oder Ihr Kfz-Mechaniker Sie belügen, entschließen Sie sich zu einer Reaktion. *Sie dürfen sich auf keinen Fall damit brüsten, dass Sie Lügen aufdecken können!* Damit machen Sie die anderen misstrauisch und sie werden Sie in Zukunft anders belügen. Wenn Sie die Gesten erwähnen, die sie verraten haben, werden sie diese in Zukunft vermeiden. Außerdem schaffen Sie damit ein Klima des Misstrauens, das gesunden Beziehungen schadet.

Ihre Intuition ist der beste Radar!

Ein verbreiteter Glaube ist, dass die Intuition aus dem Übernatürlichen kommt. Nun sagen einige Experten für nonverbale Kommunikation, dass jeder Intuition besitze und sich ihrer ebenso wie seiner fünf Sinne bediene. Die Intuition sei weit davon entfernt, eine nur wenigen vorbehaltene Fähigkeit zu sein. Vielmehr sei sie Teil des Gehirns, das viele Leute nicht richtig verstehen. Wenn man begreift, welch wundervoller Radar die Intuition ist, kann man sie häufiger und effektiver einsetzen. Jeden Tag speichern wir mehr oder weniger unbewusst tausende Informationen. Unser Geist ist ein Ass darin, sie zu ordnen, zu sortieren und uns bei Bedarf die passende herauszusuchen. Die Intuition basiert oft auf einem Vergleich alter und neuer Informationen, dem Wiederauftreten einer Handlung, die uns einen Floh ins Ohr setzt. Nach Dimitrius sind es Neugier, Fokus, Beobachtung und Deduktion, die zur Intuition führen.

Wenn wir das, was der andere aussendet, als negativ empfinden oder wenn unser Körper signalisiert, dass er sich unwohl fühlt, fragen wir uns selten, warum. Wenn darüber hinaus die leise Stimme in uns sagt, dass etwas nicht stimmt, hat sie wahrscheinlich Recht. Hören Sie auf sie! Ignorieren Sie Ihren Körper nicht, wenn er innerlich reagiert. Achten Sie darauf. Es gibt Menschen, für die Lügen so etwas wie ihre zweite Natur ist, und Ihr Körper spürt das. Er will Sie warnen, um Sie zu schützen. Er ist Ihr Verbündeter. Statt Ihr Unwohlsein auf eine schlechte Mahlzeit oder sonst irgendetwas zu schieben, sollten Sie im Sinn behalten, dass es möglich ist, dass sich Ihr Körper auf seine Weise ausdrückt.

Trotzdem tappen wir oft in die Falle, ohne Urteilsvermögen unserer Intuition zu vertrauen. Sie bestimmt dann unsere Handlungen, ohne dass wir uns fragen, warum sie uns dies oder jenes tun lässt. Aber im normalen Leben ist es wichtig, vor dem Handeln aufmerksam auf die Intuition zu achten. Berücksichtigen Sie die Gedanken, die Ihnen unmittelbar nach dem, was wir eine gute Intuition nennen, kommen. Das kann den ganzen Unterschied zwischen einer verpassten Gelegenheit und einer gut durchdachten Entscheidung machen. Stellen Sie sich vor, dass Sie einen Fremden treffen, der Ihnen nichts von Bedeutung erzählt. Statt sich schnell zu verabschieden, legen Sie eine Pause ein, damit Ihre Intuition arbeiten kann. Dann kommen Sie darauf, dass er Sie an einen früheren respektlosen Kollegen erinnert. Nachdem Sie nun den Grund für Ihr ungutes Gefühl kennen, können Sie sich dem Fremden wieder zuwenden. Wer weiß – er könnte sich als ein geschätzter und respektvoller Freund entpuppen.

Analysieren Sie Ihr körperliches Unwohlsein

Es ist Ihnen sicher auch schon einmal so gegangen, dass Sie – ohne zu wissen, warum – irgendwie das Gefühl hatten, dass jemand lügt. Die meisten Leute trauen dem Knoten im Bauch oder den anderen Alarmsignalen nicht, die sie warnen, dass etwas nicht stimmt. Warum halten wir uns so von unserer Intuition fern? Aus Angst, dass unsere Gefühle verletzt werden. Wenn wir den Dingen ins Auge sehen, wissen wir, dass die Nachbarin nichts von uns hält, auch wenn sie grüßt, dass die Freundin eifersüchtig ist oder der Partner, der uns begehrt, uns nicht wirklich liebt. Und das tut weh. Wir wollen oft unsere Gefühle lieber betäuben, um nicht den Schmerz der Zurückweisung ertragen zu müssen. Und das führt dazu, dass wir nicht mehr reagieren, wenn die anderen uns belügen.

Wenn Sie eine Entscheidung treffen müssen – jemanden einstellen, zum Beispiel, oder jemandem einen Besuch abstatten –, verlassen Sie sich auf die Gefühle Ihres Körpers, wie es Deepak Chopra empfiehlt: „Der Körper kennt zwei Arten von Empfindungen: gute und schlechte. Wenn Sie also eine Entscheidung treffen müssen, hören Sie auf Ihren Körper. Fragen Sie ihn: ‚Was passiert, wenn ich mich so entscheide?‘ Wenn er Ihnen ein schlechtes Gefühl schickt, ist das die falsche Entscheidung."[26] Wenn Sie die Gründe dafür wissen wollen, warum Ihre Intuition Sie gewarnt hat, sollten Sie weiterlesen. Sie werden lernen, jedes der vier Elemente der menschlichen Körpersprache und ihrer Kodes zu entziffern: Körper, Gesicht, Stimme und Worte.

---

26 Deepak Chopra: *Les sept lois spirituelles du succès*. J'ai lu, Paris 1995, S. 48.

Körpersprache: Der Körper lügt nicht

Die einzige ehrliche Sprache ist die unseres Körpers.
ALLAN PEASE

Haben Sie auch manchmal das Gefühl, dass Worte nicht ausreichen, um zu beschreiben, was in Ihnen vorgeht? Übernimmt in solchen Augenblicken nicht Ihr Körper die Kontrolle? Gesten großer Erregung sind die Folge des Unvermögens, diese inneren Vorgänge in Worte zu fassen. Zärtlichkeiten drücken Ihre Zuneigung aus. Ein Freudensprung zeigt Ihre Dankbarkeit. Mehr als die gelernten Worte ist unser Körper das wesentlichste Werkzeug, um unsere Gedanken und Gefühle zu zeigen. Seit frühester Kindheit sind wir darauf getrimmt, uns „korrekt" zu verhalten. Um unserer Umgebung zu gefallen und Missbilligung zu vermeiden, haben wir alles gelernt, was dabei hilft, unsere Gedanken zu ändern und unsere Gefühle zu ver-bergen, sprich: zu lügen. Aber der Körper lügt nicht, und wenn man seine Sprache versteht, kann man gelogene Worte erkennen, die den Gesten widersprechen.

In diesem Kapitel werden wir, nachdem wir die Grundlagen der Körpersprache betrachtet haben, den Sinn der verschiedenen Gesten erforschen, beginnend mit der verlässlichsten Körperpartie, den Füßen und Beinen.

Wir werden dann über Oberkörper, Hände und Arme bis zu den Schultern hinaufwandern. Mit dem Kopf und dem Gesicht befasst sich das darauf folgende Kapitel. Wir werden anschließend unsere Entdeckungsreise mit dem Teil der Körpersprache abschließen, der Attraktion und Liebe verrät. Vorher können Sie den folgenden Test machen, um herauszufinden, ob Sie die Körpersprache der Menschen in Ihrem Umfeld gut beobachten.

Test: Achten Sie auf die Körpersprache?

Denken Sie an ein kürzlich geführtes Gespräch zurück und versuchen Sie, sich an die Körpersprache Ihres Gegenübers zu erinnern: Freund, Partner, Kind oder Kollege. Sie können die Übung wiederholen und dabei an jemand anders denken, mit dem Sie in letzter Zeit gesprochen haben. Beantworten Sie die Fragen auf einem Blatt Papier mit „Ja“, „Nein“ oder „Ich weiß nicht“.

1. Neigt die Person sich zu Ihnen, während sie spricht oder Ihnen zuhört?
2. Dreht sie sich von Ihnen weg, während sie spricht oder Ihnen zuhört?
3. Hat sie die Arme verschränkt?
4. Bewegt sie sich unruhig hin und her, als könnte sie nicht stillsitzen?
5. Schaukelt sie vor und zurück?
6. Wippt sie mit der Fußspitze?
7. Klopft sie mit den Fingern auf den Tisch?
8. Kopiert sie Ihre Körpersprache?
9. Bleibt sie ganz still sitzen?
10. Falls der Gesprächspartner sitzt, lehnt er sich bequem zurück?
11. Sitzt er breitbeinig da?
12. Dreht er Kopf und Körper weg, wenn er mit Ihnen spricht?
13. Sind seine Schultern parallel zu Ihren, wenn Sie sich gegenübersitzen?
14. Stehen seine beiden Füße auf dem Boden?
15. Hält er sein Gewicht mit einem Fuß?
16. Hat er mindestens ein Bein zur Seite gedreht?

17. Sind sein Kragen oder seine Krawatte unordentlich?
18. Schwitzt er viel?
19. Zuckt er mit den Schultern?
20. Gestikuliert die Person, mit der Sie sprechen, viel?
21. Neigt sie dazu, sich zu berühren, wenn sie redet?
22. Neigt sie dazu, die Hände zu verstecken, wenn sie spricht?
23. Hat sie die Fäuste geballt?
24. Hat sie die Hände gefaltet?
25. Zeigt sie ihre Daumen?
26. Spielt sie an ihrem Schmuck oder an ihren Haaren?
27. Bewegt sie die Daumen oder macht andere sich wiederholende Handbewegungen?
28. Sind seine Füße Ihnen zugewendet, wenn Ihr Gesprächspartner sitzt oder steht?
29. Verschränkt er die Füße, wenn er sitzt?
30. Schlägt er die Beine übereinander?

Je öfter Sie mit „Ja" oder „Nein" geantwortet haben, desto mehr sind Sie sich der Gesten des anderen bewusst. Je mehr Antworten Sie nicht wussten, desto weniger achten Sie darauf. Wiederholen Sie die Übung nach Ihrer nächsten Unterhaltung. Sie werden mehr Treffer erzielen, denn nun wissen Sie, worauf es ankommt.

Nachdem Sie dieses Kapitel gelesen haben, werden Sie wissen, was jede der Gesten Ihres Gesprächspartners aussagt. Sie werden die Körpersprache der Ihnen nahe stehenden Menschen verstehen.

Das Abc der Körpersprache

Der Körper lügt zwar nicht, aber ein gut geübter Lügner kann lernen, seinen Körper zu kontrollieren, und macht es so schwieriger, seine Lügen aufzudecken. Niemand kann jedoch all seine Körperteile unter Kontrolle haben. Wenn man unehrlich ist, teilen sich die Gesten und Verhaltensweisen auf. Statt ein harmonisches Ganzes darzustellen wie ein Musikstück, das von einem Quartett gespielt wird, hört man die falschen Töne der Kommunikation. Das signalisiert dem aufmerksamen Beobachter, dass etwas nicht in Ordnung ist.

Desmond Morris, ein Ethologe, der in den 1960er- und 1970er-Jahren einige Bücher über tierische und menschliche Kommunikation veröffentlichte, ist der Ansicht, dass die körperlichen Automatismen am besten dafür geeignet sind, Einblick in die Gefühle einer Person zu geben. Schwitzen, Rotwerden und die Atmung können tatsächlich nicht von unserem Willen gesteuert werden. Nun verursacht Lügen aber seiner Meinung nach, dass man schwitzt und einen Juckreiz spürt.

Nach dem Synergist Philippe Turchet drückt das Kratzen entweder Nichteinverstandensein aus oder in Fällen, in denen ein Widerspruch zwischen den Worten und dem, was der Körper sagt, besteht, das Verlangen. Wenn Sie feststellen, dass der Mann, der mit Ihnen redet, seine Krawatte lockert, obwohl es kühl ist, muss er sich vielleicht kratzen, weil er lügt! Behalten Sie das im Kopf, ohne paranoid zu werden, und merken Sie sich, was er in dem Moment sagt, in dem er seine Krawatte und seinen Kragen lockert. Er kann sich auch einfach unwohl fühlen, ohne dass er lügt, oder es kann sein, dass sein Hemdkragen zu eng ist. Denken Sie an den Kontext!

Morris hat verbale und nonverbale Codes auf einer Verlässlichkeitsskala platziert. Die Partien, die am weitesten von unserem Gesicht entfernt sind, entkommen unserem Blick und unserem Gedächtnis. Sie sind also weniger gut kontrollierbar. Folglich sind von allen Körperteilen die Beine und Füße am aufrichtigsten. Dann kommen die

Bewegungen des Oberkörpers, die diversen Gesten der Hände, die leichter zu kontrollieren oder zumindest zu verbergen sind. Gesichtsausdrücke können am besten simuliert werden. Worte sind am unzuverlässigsten ... Die Morris-Skala berücksichtigt die Stimme nicht, die zwischen dem Gesicht und den Worten stehen sollte. In Verlängerung der Hände würde ich die Arme und Schultern hinzufügen. Auch wenn diese dem Gesicht sehr nahe sind, sieht man sie nicht und so kann man ihnen eher trauen als den Händen, die man sieht. Ich schlage daher folgende Skala vor:

Verlässlichkeitsskala der verschiedenen körperlichen Ausdrucksmöglichkeiten, in absteigender Reihenfolge

- Körperliche Automatismen
- Bewegungen der Füße und Beine
- Bewegungen des Oberkörpers
- Bewegungen der Schultern, Arme und Hände
- Gesichtsausdrücke
- Stimme
- Worte

Wir alle können Unaufrichtigkeit und andere schlechte Eigenschaften oder Gefühlszustände wie schlechte Laune oder Traurigkeit verbergen. Bei gewissen zurückhaltenden Personen enthüllt einzig und allein die Körpersprache negative Gefühle. In der Gesellschaft wird erwartet, dass Sie Ihre wahren Gefühle für sich behalten oder höchstens Ihnen nahe stehenden Personen davon berichten. Bezweifeln Sie das? Dann erzählen Sie das nächste Mal, wenn ein Nachbar Sie fragt, wie es Ihnen geht, was gerade nicht so gut läuft, und beobachten Sie aufmerksam seine nonverbale Reaktion. Wenn er Sie nicht gerade näher kennen lernen möchte, werden Sie sicherlich an seinen Gesten merken, dass er sich zurückzieht und unwohl fühlt. Selbst Ihr Partner, Ihre Kinder und Ihre Freunde verstecken manchmal ihre Gefühle, um Sie nicht zu beunruhigen. Die Körpersprache enthüllt, was die Person empfindet und welchen Charakter sie hat. Der Körper verrät uns, er lügt nicht: „Die Aufrichtigkeit sieht man besser, als man sie hört“, schreibt Allan Pease.[27]

Wenige Menschen filtern ihre Körpersprache, auch nicht notorische und geübte Lügner. Diese wissen, dass ihre Gefühle sich durch das Abweichen ihrer Körpersprache ausdrücken können, und reagieren darauf. Sie begeben sich im Gespräch mit Ihnen hinter den schützenden Schreibtisch, der ihre Füße und Beine, die immer ehrlich sind, verbirgt. Oder sie belügen Sie, während sie sich eifrig um etwas anderes kümmern: Auto fahren, spülen, stricken, Ihren Motor reparieren, wenn es der Mechaniker ist. Indem sie ihre Hände beschäftigt halten, vermeiden sie, durch sie verraten zu werden. Politiker halten sich oft an dem Tisch vor ihnen fest, um ihre Hände im Griff zu behalten.

Ist der Polygraph ein guter Lügendetektor?

Der Polygraph, meist „Lügendetektor“ genannt, zeichnet während einer Befragung vier körperliche Automatismen auf: Blutdruck, Herzrhythmus, Atmung und Transpiration. Diese physiologischen Messgrößen verraten ein Gefühl, das aufs Lügen zurückgehen kann. Aber der Lügendetektor deckt nicht im wahrsten Sinne des Wortes die Lügen auf. Seine Erfolgsquote liegt je nach Quelle zwischen 60 und 80 Prozent. Und sein Ergebnis kann leicht zu falschen Schlussfolgerungen führen: „Die Erwähnung eines Mordes kann bei einem Unschuldigen eine Reaktion hervorrufen und einen Serienmörder eiskalt lassen […]“[2]

---

27 Allan Pease: *Interpréter les gestes, les mimiques, les attitudes pour comprendre les autres … et ne pas se trahir.* Nathan, Marabout, Paris 1988, S.8.
28 Isabelle Bourdial: *Les nouveaux détecteurs de mensonge: ils savent lire dans nos pensées!* Science & Vie, Nr. 1005, Juni 2001, S. 65.

Fast eine Million Tests am Polygraphen finden jedes Jahr in den USA statt. Hauptkunden sind große Firmen, die sich der Loyalität ihrer Angestellten vergewissern wollen, die Regierung, die wissenschaftliche Geheimnisse schützen will, und die Polizei. Seit ihren Anfängen in den 1920er-Jahren steht die Technik des Lügenaufdeckens hinter einer unfairen Art der Befragung, mit der Verdächtige eingeschüchtert und zu Geständnissen gezwungen werden sollen. Man überzeugt sie von der Wirksamkeit des Polygraphen, vergrößert damit ihre Angst und die Wahrscheinlichkeit, dass sie ihren Fehltritt zugeben. Der Lügendetektor beruht also auf dem Placebo-Effekt: „Alles in allem ist der Lügendetektor eine äußerst paradoxe Wissenschaft: Er funktioniert nur in dem Maße, wie die Öffentlichkeit davon überzeugt wurde, dass er funktioniert. Also funktioniert er nur, wenn die, die ihn verwenden, lügen!“[1]

Achten Sie auf den Fuß, mit dem Sie tanzen

Da sie weit von unserem Gesichtsfeld entfernt sind, achten wir weniger auf unsere Füße und auf die unseres Gesprächspartners. Daher kontrollieren wir sie weniger. Sie sind also der ehrlichste Körperteil. Die Füße spiegeln wirklich den emotionalen und kognitiven Zustand der Person wider. Wenn wir sprechen, haben wir vor allem unsere Arme und Hände im Blick. Wir sehen unserem Gesprächspartner in die Augen. Manchmal bleiben wir beim Mund hängen, ja sehen ihn sogar von oben bis unten an, wenn er uns wirklich interessiert, vor allem wenn wir ihn begehren. Wir sehen unser Gesicht nicht, aber da wir uns ja jeden Tag im Spiegel sehen, wissen wir, wie es aussieht, und können es kontrollieren. Aber die Füße? Wer denkt daran, die

29 Ken Alder: *Les tours et détours du détecteur du mensonge*. La Recherche (Sonderheft), Nr. 8, Juli 2002, S. 65.

Bewegungen seiner Füße mit einzubeziehen? Und die der anderen zu beachten? Dabei sind sie so aufschlussreich, ebenso wie die Beine!

Der untere Teil des Körpers lügt nicht, wenn er Interesse, Langeweile, den Wunsch, zu fliehen oder zu streiten, Zurückhaltung, Aufgeschlossenheit und sogar Ehrlichkeit, Unehrlichkeit oder Heimlichtuerei ausdrückt. Das bedeutet also, wenn eine Geste nicht ausreicht, um sicher sagen zu können, dass jemand lügt, verraten auch Beine und Füße nicht unbedingt eine Lüge. Die Person will vielleicht nur etwas für sich behalten oder im Moment eine bestimmte Information nicht preisgeben. Denken Sie daran, alle Fassetten zu beachten, die vom üblichen Verhalten abweichen. Betrachten Sie die untere Körperpartie, ohne sich jedoch darauf zu beschränken.

„Das ist der Fuß!“

Unser Fuß zeigt in die Richtung der Person, die uns interessiert. Beobachten Sie in einer Cocktailbar oder auf einer Stehparty diskret, in welche Richtung die Füße der Leute deuten. Manchmal fragen wir uns, warum eine Person wortlos zuhört, anstatt woanders hinzugehen. Das kommt daher, dass sie weiß, dass die anderen mit ihren Worten ihr Interesse wecken wollen: Alle Füße zeigen in ihre Richtung!

Wenn ein Fuß zum Ausgang zeigt, bedeutet das, dass derjenige eher gehen als bleiben will. Er kann schön weiter mit dem Kopf nicken, wenn Sie etwas sagen, oder den Kopf schütteln, um zu zeigen, dass er zuhört – sein Fuß ist ehrlicher als seine Worte und sein Kopf. Stellen Sie fest, ob er flüchtige Blicke zur Tür wirft. Es ist auch möglich, dass er auf jemanden wartet. Eine Frage könnte Ihnen helfen, Klarheit zu bekommen: „Erwarten Sie jemanden?“ Schlechtestenfalls sagt Ihr Gesprächspartner, dass er woanders erwartet wird und nicht zu spät kommen will. Aber das haben Sie sowieso vermutet, weil sein Fuß Sie schon über seine Absicht, zu gehen, informiert hat.

Beine, die Langeweile verraten

Zusammengesackt auf einem Stuhl zu sitzen und dabei die Beine nach vorn zu strecken, drückt körperlich Langeweile oder Desinteresse aus. Die Person sitzt nicht mehr aufrecht und streckt die Beine aus. Wenn sie außerdem noch ins Leere starrt, sollten Sie nicht zu überrascht sein, wenn sie bald anfängt, zu gähnen! Ihr Gespräch interessiert sie überhaupt nicht. Wenn Ihr Kind gerade im Teenie-Alter ist und zur schweigsamen Sorte gehört, wissen Sie, wovon ich spreche! Wenn Ihr Gesprächspartner darüber hinaus auch noch die Arme verschränkt und die Fäuste ballt, sodass man die Daumen nicht sieht, steht fest, dass er nicht offen für das Gespräch ist. Er hält Informationen zurück. Vielleicht belügt Ihr Gegenüber Sie. Lassen Sie sich nicht auf den Arm nehmen, aber seien Sie auch nicht zu misstrauisch. Prüfen Sie Ihre Beobachtung geschickt und unauffällig, und machen Sie auch die Gegenprobe. Und denken Sie daran, dass immer eine Antireaktion auftreten kann. Sobald Sie herablassend oder aggressiv sind, verschließt sich Ihr Gesprächspartner wie eine Auster. Das heißt nicht unbedingt, dass er lügt, aber zumindest, dass er sich verurteilt fühlt.

Fliehende Beine und Füße

Wenn Ihr Gesprächspartner instinktiv fliehen oder zum Angriff übergehen will, ergibt das Veränderungen in der Sprache seiner unteren Körperhälfte. So können die Füße oder Beine einen zurückgehaltenen Flucht- oder Angriffswunsch enthüllen. Mit dem Fuß auftippen ist ein Anzeichen für Wut (der Wunsch, anzugreifen) oder große Ungeduld (der Wunsch, zu fliehen). Wenn jemand mit verschränkten Beinen dasitzt, achten Sie auf seine Füße. Wippen sie in einem Rhythmus oder erinnern sie an einen gleichförmig pumpenden Kolben? Vielleicht möchte die Person gehen, will aber nicht Ihr Missfallen erregen. Mit dem Fuß wippen ist ein Versuch ihres Körpers, den Stress, den sie empfindet, abzubauen. Wird die Geschwindigkeit des Wippens höher, bedeutet das, dass Stress, Wut oder Ungeduld größer werden. Wenn Sie das nächste Mal eine Talkshow sehen, beobachten Sie die Füße ganz genau. In den USA hatte ein bekannter Talkmaster die Angewohnheit, bei gewissen Talkgästen seinen Fuß auf und ab zu wippen. Der Rest seines Körpers war ruhig. Nur sein Fuß zeigte seine Nervosität und seine Eile, zum nächsten Gast überzugehen.

Aufrichtig oder unaufrichtig?

Lillian Glass, Spezialistin für nonverbale Kommunikation in Verbindung mit der Persönlichkeit, hat die Position der unteren Körperhälfte bei ehrlichen Leuten beobachtet. Ihre Beine blieben auf dem Boden, in Richtung des Gesprächspartners. Wenn die Person die Beine überkreuzt hat, aber die Knie in einer Reihe bleiben, ist sie aufgeschlossen. Wenn die Knie jedoch nicht genau übereinander sind, kann das mangelndes Selbstvertrauen oder eine Lüge verraten. Natürlich reicht diese Position als Lügenindikator nicht aus. Dennoch können Sie ein Thema vertiefen, bei dem diese Haltung eine Fassette von verschiedenen konstant auftauchenden Gesten ist ...

Wenn eine aufrichtige Person steht, stehen ihre Füße fest auf dem Boden und zeigen zum Gesprächspartner. Wenn Sie feststellen, dass das der Fall ist, haben Sie – zumindest im Moment Ihres Gesprächs – eine offene, ehrliche und ausgeglichene Person vor sich. Wenn jedoch das Gewicht der Person auf der Seite des Fußes oder auf den Fersen getragen wird, zeigt Ihnen das an, dass derjenige wahrscheinlich unehrlich ist. Es ist gut möglich, dass er in dem Moment, in dem Sie die Geste bemerken, lügt, sein Spiel verschleiert oder Informationen zurückhält.

Im Restaurant

Im Sommer aß ich einmal allein in einem griechischen Restaurant und nutzte die Gelegenheit, die Körpersprache der Paare und Familien um mich herum zu beobachten. Ich entdeckte enorm viele Anzeichen der Langeweile und es stimmte mich traurig, dass diese Menschen, die von ihren Lieben umgeben waren, deren Gesellschaft nicht zu schätzen wussten. Ich bemerkte einen Mann, dessen beide Füße unter dem Tisch auf der Außenseite standen. Über diese bestimmte Haltung hatte ich nie etwas gelesen, aber ich erinnerte mich daran, dass ein „ehrlicher" Fuß im Gleichgewicht auf dem Boden steht. Ich stellte fest, dass die Füße des Mannes neben mir genau dieselbe Position einnahmen. Dann verschränkte er die Knöchel und ließ dabei die Füße auf die Seite geneigt. In beiden Fällen saßen die Männer ihrer Partnerin gegenüber und sprachen mit ihr. Ich achtete zwar nicht auf ihre Worte, dachte mir aber, dass sie vielleicht nicht ganz ehrlich seien ... Ich versuchte die Haltung ihrer Füße nachzuahmen, um zu sehen, wie ich mich fühlte. Da meine Füße sich sonst nie so verdrehen mussten, fand ich das schrecklich unbequem. In der Außenseite meiner Füße verspürte ich ein schmerzhaftes Ziehen. Ich sagte mir, dass meine Tischnachbarn wahrscheinlich ein Unwohlsein und eine Spannung verspürten, die sich durch ihre Füße äußerten. Auf jeden Fall wollte ich nicht mit ihnen tauschen!

Verknotete Füße: Ein Zeichen für Zurückhaltung

Verknotete Füße zeigen, dass die Person eine Information oder ein Gefühl zurückhält, das sie für sich behalten will. Wenn die Füße einer sitzenden Person in der Mitte unter dem Stuhl verschränkt sind und die Person andere Anzeichen für Verschlossenheit wie geballte Fäuste oder einen zusammengepressten Kiefer aufweist, können Sie sicher sein, dass sie nicht das sagt, was sie empfindet. Nach Allan Pease ist diese Gestenkombination das Äquivalent für Sich-auf-die-Lippen-Beißen, um seine Empfindung zu verbergen, vor allem Angst oder Nervosität. Bei einem Vorstellungsgespräch drückt diese Haltung immer Panik aus. Der Arbeitgeber möchte, dass die Person eine andere Haltung einnimmt, damit sie sich wohler fühlt. Eine Möglichkeit besteht darin, aufzustehen, auf sie zuzugehen und sie unter irgendeinem Vorwand dazu zu bewegen, ihre Position zu ändern. Zeigen Sie ihr zum Beispiel ein Foto.

Die Frauen wurden von klein auf dazu angehalten, mit geschlossenen oder nach seitwärts zeigenden verschränkten Knien zu sitzen. Wenn Sie das beobachten, hat diese Frau wahrscheinlich Benimmbücher gelesen oder wurde so erzogen, um vornehm zu wirken. Sie ist wohlerzogen und bemüht sich daher, keine natürlichere oder bequemere Haltung einzunehmen. In so einem Fall verrät ihre Haltung wahrscheinlich nichts anderes.

Öffnen und Schließen verschränkter Beine

Auch die Richtung, in die verschränkte Beine weisen, ist sehr aufschlussreich. Ein in Ihre Richtung weisendes verschränktes Bein ist ein Zeichen für Offenheit. Wenn die Person, mit der Sie sprechen, ihr verschränktes Bein herunternimmt und das andere überschlägt, sollten Sie darauf achten, wann dieser Wechsel passiert. Man kann sich immer auf das Bedürfnis berufen, den Blutkreislauf anzuregen, aber der Augenblick des Beinwechselns ist nicht unbedeutend. Er zeigt ein Sich-Öffnen oder -Verschließen an – je nachdem, ob das Bein danach in Ihre oder in die entgegengesetzte Richtung weist.

Der fiktive Fall eines widerspenstigen Mannes

Emma plant mit ihrem Partner ein Wochenende auf dem Land. Sie setzen sich aufs Sofa, um darüber zu diskutieren. David verschränkt seine Beine in Richtung Emma. Als sie sagt, dass sie vor der Abfahrt putzen müssen und er fürs Staubsaugen verantwortlich sein wird, schlägt er die Beine in die andere Richtung über. Seine Beine zeigen an, dass er nicht einverstanden ist. Emma fängt davon an, dass sie viel mehr macht als er: „Ich bitte dich nur, Staub zu saugen." David akzeptiert das, beginnt aber mit dem Fuß zu wippen. Das signalisiert seine Ungeduld. Auch wenn er behauptet, einverstanden zu sein, enthüllt sein Bein seinen Widerstand und seine Eile, das Gespräch zu beenden. „Vergiss nicht, vorher Staub zu wischen", ermahnt sie ihn. Davids Beine stehen nebeneinander. Sein Fuß deutet zur Tür. Er würde gern verschwinden! Einer plötzlichen Eingebung folgend schlägt Emma ihm vor: „Wenn du keine Zeit dafür hast, kannst du ja jemanden einstellen." Davids wippender Fuß wird ruhig. Die abrupte Bewegungslosigkeit eines vorher bewegten Körperteils ist ebenso bedeutend wie die umgekehrte Reihenfolge. David steht auf, stellt sich mit geraden Füßen vor seine Partnerin und ruft fröhlich aus: „Welch gute Idee!" Endlich ist sein Körper mit seinen Worten in Einklang. Er ist ehrlich zu ihr …

Die Neigung des Oberkörpers

Wahrscheinlich haben Sie schon einmal bemerkt, dass Ihr Oberkörper sich zu Ihrem Gesprächspartner neigt, wenn die Unterhaltung Sie interessiert. Ist das nicht der Fall, entfernt sich Ihr Rumpf. Das ist eine spontane Geste, die sehr aufschlussreich ist. Wenn ich mit einer Freundin am Tisch sitze, die ihren Rücken anlehnt, weiß ich, dass meine Worte sie nicht sehr interessieren. Ich frage sie etwas, damit sie das Wort ergreift, oder ich wechsle das Thema, denn ich weiß, dass sie nicht mehr bei der Sache ist. Manche Menschen sind so mit sich beschäftigt, dass sie kein Signal der Langeweile bei anderen bemerken. Sie reden und reden, während wir so tun, als ob wir ihnen zuhören, den Rücken bequem angelehnt und das Gähnen zurückhaltend, denn wir sind ja höflich.

Vorsicht! Nicht immer ist ein nach vorn geneigter Oberkörper ein Zeichen für Interesse oder Anziehung. In einigen Fällen kann diese Bewegung den Wunsch, zu kontrollieren, zu dominieren oder einzuschüchtern, ausdrücken. Achten Sie auf die Stimmlage, auf den Blick, auf die Gesichtsmuskeln, um Kontrolle oder Anziehung auszumachen. Welche Worte wurden unmittelbar vor der Neigung des Rumpfes gewechselt? Jemand, der will, dass Sie ihm seine Lüge glauben, kann seinen Oberkörper in Ihre Richtung drehen. Aber diese Geste wird weder Interesse noch Zuneigung beinhalten. Wenn Sie spüren, wie sich Ihr Magen zusammenzieht oder Sie einen Kloß im Hals bekommen, bleiben Sie wachsam. Ihre Intuition warnt Sie durch ein körperliches Unwohlsein. Seien Sie aufmerksam, um andere Symptome wahrzunehmen, die im gleichen Augenblick auftreten.

Und wenn Ihr Gegenüber leicht vor- und zurückschaukelt, während Sie mit ihm sprechen? So drückt sein Körper seine Zwiespältigkeit aus: Er will zwar gehen, möchte Sie aber nicht kränken. Zwischen diesen beiden Überlegungen schwankt sein Herz – sein Körper auch!

Diese komischen Schultern

Unsere Schultern scheinen ein Eigenleben zu haben. Sind sie nicht komisch mit ihrem Rollen, ihrem Zucken und ihrem Zusammensinken? Die Schultern nuancieren und betonen manche Worte wie Anführungszeichen. Manchmal sind sie ein Ausrufe- oder Fragezeichen. Ist die Schulter von Ihnen weggedreht? Das ist ein Schlussstrich. Eine abgewandte Schulter kann einem vielleicht gut getroffenen Wort widersprechen. Ein leichtes Rollen kann positive Gefühle verraten.

Sich bewegende, verführerische, kompromittierende Schultern. Denjenigen, die auf sie achten, enthüllen sie einiges: Zurückweisung, Zweifel, Anziehung, Ausweichen, Depression.[30] Seien Sie kein Eisklotz gegenüber diesen komischen Schultern, die alle, die sie zu bewerten wissen, zum Schmunzeln bringen.

30 Nicht im pathologischen Sinne, sondern in der Bedeutung „vorübergehende schlechte Laune".

Offene Schultern

Achten Sie darauf, ob die Schultern Ihres Gesprächspartners parallel zu Ihren sind, wenn Sie von Angesicht zu Angesicht mit ihm reden. Wenn ja, findet ein normaler Informationsaustausch zwischen Ihnen statt. Sie sind beide emotional und mental in das Gespräch verwickelt. Sobald sich eine Schulter von Ihnen abwendet, hat der andere Vorbehalte, die er verbal nicht auszudrücken wagt.

Mit den Schultern rollen

Wenn die Schultern Ihres Gesprächspartners sich in die andere Richtung drehen oder rollen, bedeutet das, dass er sich nicht mehr so sehr einbringen und trotz seiner Worte nicht mehr so sehr am Gespräch teilnehmen will. Das Drehen der Schulter findet in dem Augenblick statt, in dem der andere Ihrem Blickwinkel nicht zustimmt. Es ist auch möglich, dass Sie ein heikles Thema besprochen oder einen sensiblen Punkt berührt haben, den Ihr Gesprächspartner nicht diskutieren möchte. Wenn er, während er redet, mit der Schulter rollt, ist das meistens eine Form der unterbewussten Ablehnung seiner eigenen Worte. Ihr Gegenüber steht nicht voll hinter seiner Antwort oder glaubt das, was er sagt, nicht wirklich. Versuchen Sie andere Zeichen auszumachen, bevor Sie auf eine Lüge schließen. Denken Sie daran, dass keine Geste für sich allein eine Lüge bedeutet. Wenn die Füße zu denen deuten, die wir mögen, verhalten sich die Schultern genau entgegengesetzt. So deuten wir oft unterbewusst mit der Schulter auf die Person oder Gruppe, die wir ablehnen.

Mit den Schultern zucken

Schulterzucken ist eine andere Form von Zurückweisung. Im Allgemeinen zuckt man mit den Schultern, wenn man die Antwort nicht weiß oder sie einem egal ist. Wenn Sie jemandem eine Frage stellen und er beim Antworten ein bisschen mit den Schultern zuckt, bedeutet das, dass er selbst an seiner Antwort zweifelt. Seine Geste kann also ein Ausweichen oder eine Lüge bedeuten.

Ich habe festgestellt, dass es manchmal vorkommt, dass ich mit meiner rechten Schulter zucke, wenn ich allein auf meinem Sofa sitze und nachdenke oder Tagebuch schreibe.

Das passiert, wenn ich mir sage, dass die Situation mich nicht betrifft oder mir der Fortgang egal ist. Da die rechte Körperseite von der linken Gehirnhälfte, dem Sitz der Gedanken und der Logik, gesteuert wird, zeigt mir meine Schulter, dass ich meine momentanen Gedanken nicht glaube. Diese simple Geste zeigt mir, dass ich mich selbst belüge! Ich muss also meine Gefühle anerkennen und zugeben, dass mich die Situation ärgert oder dass sie mir ganz und gar nicht egal ist – im Gegenteil! Wenn Sie sich beim nächsten Mal auf frischer Tat dabei ertappen, wie Ihre Schulter zuckt, fragen Sie sich, ob Sie sich nicht etwas vormachen ...

Die Wasserfall-Bewegung

Eine Schulterbewegung, die Walters „körperlicher Wasserfall" nennt, kommt dann vor, wenn ein Lügner zum Geständnis übergeht. Zuerst fallen die Schultern plötzlich in sich zusammen. Dann scheinen sie im Rumpf zu verschwinden. Schließlich rollen sie nach vorne. Die Aneinanderreihung dieser Bewegungen erinnert an Wasser, das einen Felsen hinunterstürzt. Diese Geste in drei Abschnitten kann ein Zeichen von Niedergeschlagenheit sein, aber sie zeigt auch ein Nachgeben nach starkem Widerstand. Das ist der Fall, wenn der Lügner sich bemüht, Ihnen seine Lüge glaubhaft zu machen und sein ganzes Repertoire an Täuschungen ausschöpft, Sie ihn aber weiterhin infrage stellen und an seinen Worten zweifeln. Es ist nicht ratsam, eine Person so zu befragen, da das das gegenseitige Vertrauen zerstört. Niemand möchte sich in schlechtem Licht zeigen und noch weniger des

Lügens beschuldigt werden. Aber in den schwer wiegenden Fällen (Betrug, Verbrechen etc.) kann es sich als notwendig erweisen, die Person, die man der Lüge verdächtigt, zu verhören. Die Wasserfall-Bewegung zeigt, dass der Lügner kurz davor ist, die Wahrheit zu sagen. Um das von Niedergeschlagenheit unterscheiden zu können, beobachten Sie, ob derjenige leicht den Kopf nach hinten legt und nach oben schaut. Es kann sein, dass er so Tränen zurückhalten will. Wenn das der Fall ist, sollten Sie auf jeden Fall mit der Konfrontation aufhören, um ihn nicht gegen Sie aufzubringen und zu riskieren, dass er weiter lügt. Sein Körper akzeptiert Ihre Ansicht. Hören Sie dann Ihrem Gesprächspartner zu, wie er mit Worten zugibt, was Sie vorher in der Wasserfall-Bewegung seiner Schultern bereits erkannt haben.

Das Zeugnis der Arme und Hände

Sehen Sie ein Zeugnis an und Sie werden viele Zeilen erkennen. Ebenso haben die Gesten der Hände zahlreiche Bedeutungen. Dieser Abschnitt über die Sprache der Arme und Hände empfiehlt Ihnen, sich mit ihren verschiedenen Bedeutungen zu beschäftigen. Oft begleiten die Hände das Gesagte. Sie betonen und präzisieren die Worte. Halten Sie einmal die Hände einer Person fest, die viel gestikuliert. Sie wird Schwierigkeiten haben, sich auszudrücken. Sie braucht ihre Hände, um gut zu erklären, zu überzeugen, zu besänftigen, ja auch um zu bedrohen. Da unsere Hände in unserem Blickfeld sind, wenn wir reden, sind wir uns ihrer bewusster und können sie leichter ruhig halten, wenn es nötig ist.

Hände sind gesprächig, auch wenn man sie unbewegt hält. Sie drücken das ganze Spektrum der Gefühle aus: Langeweile, Nervosität, Freude und vieles andere. Klopfende Finger, geballte Fäuste, verschränkte Arme stehen für Stress, Wut, Zugeknöpftheit. Hände können zeigen, dass die Person offen und ehrlich ist oder, im Gegenteil, dass sie etwas verbergen will. Auch das Kratzen am Arm gibt wertvolle Informationen über den Gefühlszustand der Person, die es tut.

Emotive Hände

In vielen mediterranen Ländern ist es üblich, sich mit den Händen auszudrücken. Die Italiener und Griechen haben neben anderen ethnischen Gruppen sehr ausdrucksstarke Hände. Aber bei zahlreichen Personen kommt es kaum auf die Völkerzugehörigkeit an, sie sprechen sowieso viel mit den Händen: „Die Hände sind der Kanal, durch den der Mensch ohne ein Wort seine Gedanken ausdrückt.“[31] Hände, die viel gestikulieren, drücken eine Reihe von Emotionen aus: Enthusiasmus, Freude, Entschlossenheit, zum Beispiel. Lillian Glass nennt diese Hände „emotive Hände“.

Offene Hände

Offene Hände sind Hände, deren Handflächen nach oben zeigen. Das zeigt, dass sie nichts zu verbergen haben. Diese Geste entspricht der Haltung eines Hundes, der seinen Hals dem dominanten Hund hinhält, um ihm seine Unterwerfung zu zeigen. Zusätzlich zur offenen Handfläche sind die Finger ausgestreckt, was Zustimmung und Aufnahmefähigkeit ausdrückt. Personen mit offenen Händen zeigen Aufgeschlossenheit und Interesse für den Gesprächspartner. Vorsicht! Wenn Sie jemals die Absicht haben, zu lügen, und Ihre Handflächen zeigen, um als ehrlich zu gelten, wird Ihr Körper schon einen anderen Weg finden, um Sie zu verraten …

---

31 Philippe Turchet: *La synergologie*. Les Éditions de l'Homme, Montréal 2000, S. 59.

Vom Handrücken

Wenn der Handrücken zum Gesprächspartner gewendet ist, zeigt das Zugeknöpftheit, vor allem wenn die Hand sich in der Nähe des Mundes befindet, wie wir es im nächsten Kapitel sehen werden. Die Hand übernimmt die Rolle des Schutzschildes. Die Person ist nicht notwendigerweise unehrlich, aber sie ist für das Gespräch nicht aufnahmefähig. Wenn Sie sehen, wie der Handrücken als Schutzschild fungiert, fragen Sie sich, wohin das Gespräch führt. Greifen Sie Ihr Gegenüber gerade an? Wollen Sie bei diesem Gespräch eine Mauer zwischen sich und dem anderen hochziehen oder eine Brücke bauen?

Wenn Ihr Gegenüber beim Sprechen seine Hände in den Taschen oder woanders versteckt, kann es sein, dass er wertvolle Informationen verschleiert oder dass er etwas verheimlichen will, das ihn persönlich betrifft. Eine Person, die nicht ehrlich ist, gestikuliert normalerweise weniger mit den Händen, als es der folgende Fall darstellt.

Krankenschwestern, die lügen sollen ...

Viele Autoren, allen voran Desmond Morris, berichten von einer klassischen Erfahrung mit der Lüge. Bei einer vor etwa 30 Jahren durchgeführten Studie bat man amerikanische Krankenschwester-Auszubildende, in Bezug auf medizinische Filme, die man ihnen zeigte, zu lügen oder die Wahrheit zu sagen. Die Forscher erklärten ihnen, in ihrem Berufsfeld sei es sehr wichtig, lügen zu können, da die Patienten über ihren Gesundheitszustand nicht beunruhigt werden sollen, um die Heilung nicht zu beeinträchtigen. Die Schwestern sollten sie also beruhigen, unabhängig von der Schwere ihrer Krankheit. Die Lüge war demnach Teil der therapeutischen Ausrüstung. Man sagte ihnen auch, dass sie glaubwürdig sein müssten, um den Test zu bestehen. Die Schwestern wussten nicht, dass sie Versuchskaninchen in einer Untersuchung über die Lüge waren! In diesem Punkt hatten die Forscher sie belogen.

Die Probanden stellten fest, dass die, die logen, weniger mit den Händen gestikulierten. Wenn wir sprechen, „illustrieren" wir die Worte oft mit unseren Händen, ohne uns überhaupt darüber bewusst zu sein. Wir sind uns unserer Gesten bewusst, wissen aber nicht genau, was wir eigentlich mit unseren Händen „sagen". Aus Angst, die falschen Gesten zu wählen und sich so zu verraten, hörten die angehenden Krankenschwestern also auf, „mit den Händen zu reden". Während der gesamten Dauer ihrer Lügen nahmen alle Gesten der Lügnerinnen ab, bis auf eine: das leichte Drehen der Hand. Tatsächlich schoben einige Auszubildende die Luft mit dem Handrücken weg, als ob die Hand ein Eigenleben hätte und die verlogenen Worte wegschieben und jegliche Verantwortung für das Gesagte ablehnen wollte.

Die Forscher beobachteten auch, dass die Versuchspersonen, die logen, ihre Hände am Gesicht, vor allem in der Nähe von Mund und Nase hielten, und zwar viel häufiger als die, die die Wahrheit sagten. Die Erklärung von Desmond Morris: Wenn die angehenden Krankenschwestern logen, fühlten sie sich schlecht und ihr Gehirn veranlasste, dass die Hand ihre Worte bedeckte. Unbewusst versuchten die Hände der Lügnerinnen die Lügen zurückzuhalten. Weil man ihnen gesagt hatte, dass ihre Fähigkeit, zu lügen, gefragt sei, wenn sie in diesem Beruf erfolgreich sein wollten, hatten sie sich alle Mühe gegeben, verrieten sich aber durch diese Gesten. Manchmal blieb ein Finger auf der Oberlippe oder am Mundwinkel.

Im Fall kleiner Kinder, die lügen, kommt es vor, dass sie sich beide Hände vor den Mund halten. Ein niedlicher Versuch, die Lüge zu verstecken ... Das Beispiel der auszubildenden Krankenschwestern zeigt, dass Abwandlungen dieser Gesten bis zum Erwachsenenalter bestehen bleiben.

Geballte Fäuste

Die Person, die ihre Fäuste ballt, ist entweder gestresst oder verärgert. Sie versucht ihre Gefühle und ihre Anspannung zurückzuhalten. Wenn Ihr Gesprächspartner ruhig mit Ihnen redet und leugnet, wütend zu sein, aber die Fäuste ballt, ist er nicht ehrlich. Seine Fäuste zeigen, dass er eine gewisse Wut verspürt. Sie sollten jedoch nicht beim nächsten Mal, wenn Sie jemandem begegnen, der die Fäuste ballt, daraus schließen, dass er wütend ist. Stress oder mentale Konzentration verhindern eine körperliche Entspannung. „Das menschliche Wesen, das gestresst ist, ballt die Fäuste"[32], ganz einfach.

Zeigt Ihr Gesprächspartner neben seinen geballten Fäusten keine anderen Anzeichen der Wut? Vielleicht heißt das, dass er Sie nicht mag. Beachten Sie andere Symptome wie die Richtung seines Fußes und die Neigung des Oberkörpers.

Versteckt er seinen Daumen in der Faust? Wahrscheinlich fühlt er sich bedroht, unruhig oder eingeschüchtert. Stellen Sie ihm Fragen, um seinen Zustand einschätzen zu können. Sie können beispielsweise fragen, was ihn beunruhigt. Entweder antwortet er Ihnen und ist froh, dass Sie ihm diese Hilfestellung gegeben haben, oder er sagt Ihnen, dass er nicht unruhig ist. In diesem Fall können Sie ihn fragen, wie er sich tatsächlich fühlt. So einfach ist das.

Eine Variante geballter Fäuste lässt sich bei Leuten beobachten, die sich an der Armlehne festhalten. Sie wollen ruhig bleiben und halten sich zurück, um nicht zu zeigen, dass sie angespannt sind oder sogar Angst haben. Sie wollen auf keinen Fall ein starkes Gefühl zeigen und fahren sich auf der Schiene der Lüge fest, nach Glass. Vielleicht haben sie Angst, demaskiert zu werden?

---

32 Philippe Turchet: *La synergologie*. Les Éditions de l'Homme, Montréal 2000, S. 62.

Finger in Bewegung

Finger, die auf den Tisch klopfen, zeugen von Nervosität, ebenso das Spielen mit den Haaren oder mit Schmuck. Wenn Sie den Film „Dekalog Nr. 8“ gesehen haben, erinnern Sie sich einmal an die jüdische Dame, die an der Universität an der Vorlesung der Frau teilnimmt, die sie 1943 nicht beherbergen wollte, als sie erst sechs war und ihre Eltern sie vor den Deutschen schützen wollten. Während sie diese Geschichte erzählt, die sie tief geprägt hat, spielt sie ständig mit ihrem goldenen Anhänger, was hier Nervosität ausdrückt und nicht eine Lüge. Eine Person, die mit den Fingern auf den Tisch klopft, viel gestikuliert oder an den Haaren oder einem Schmuckstück herumspielt, drückt so Ungeduld, Stress oder Nervosität aus. Gehen Sie deduktiv vor. Kann es sein, dass sie Ihr Exemplar von „Die Wahrheit über die Lüge“ gesehen hat und fürchtet, dass Sie ihre Lüge durchschauen? Sie müssen natürlich auch auf die restliche Körpersprache achten.

Hände, die Langeweile verraten

Ihr Gesprächspartner hört Ihnen zu und nickt mit dem Kopf, aber ist er wirklich interessiert? Simuliert er aus Höflichkeit Interesse, während Ihre Worte ihn endlos langweilen? Seine Hände verraten ihn. Wenn sie verschränkt sind und die Daumen sich ständig drehen, ist das ein körperliches Anzeichen für Langeweile und viel verlässlicher als die Worte und das höfliche Kopfnicken. Sobald sich Ihr Gegenüber dieser Geste bedient, sollten Sie ihm das Wort überlassen oder sich verabschieden. Er wird es Ihnen danken. Oder bevorzugen Sie, dass er Ihnen offen sagt, dass Sie ihn langweilen? Eine so brutale Wahrheit zu sagen würde einen Mangel an Diplomatie zeigen!

Verschränkte Arme

Wenige Armbewegungen hängen mit der Lüge zusammen. Das so populäre Armverschränken hat mit vielen Gefühlszuständen zu tun, wie wir im vorhergehenden Kapitel gesehen haben. Im Allgemeinen ist es ein Zeichen für Zugeknöpftheit. In gewissen Fällen verschränkt eine Person die Arme, weil man einen wunden Punkt getroffen hat. So schützt sie sich, weil sie sich verwundbar fühlt. Manchmal haben verschränkte Arme mit Lügen und Betrügen zu tun. Das trifft ganz sicher zu, wenn andere Symptome gleichzeitig auftreten. Denken Sie auch an das Prinzip des großen Blickwinkels und umfassen Sie Ihr Gegenüber mit Ihrem ganzen Blick, statt sich nur auf eine seiner Gesten zu konzentrieren. Trotz der vielen Bedeutungen, die das plötzliche Armverschränken haben kann, sollte es Ihre Aufmerksamkeit erregen. *Nach Lillian Glass schreien verschränkte Arme quasi hinaus, dass derjenige etwas zu verbergen hat.*

Juckende Arme

Auch kleine Juckreize am Arm sind verräterisch, was die Gefühle einer Person angeht. Turchet sagt uns, dass Jucken an der Innenseite des Arms den zurückgehaltenen Wunsch signalisiert, den anderen an sich zu drücken. Wenn diese Person behauptet, für Ihren Charme unempfänglich zu sein, während sie sich innen am Arm kratzt, können Sie ihre Worte bezweifeln und andere Symptome der Anziehung suchen ... Ein Kratzen an der Außenseite des Arms würde ein erfahrener Synergist jedoch als unterbewussten Versuch, einen verbalen oder psychologischen Angriff abzuweisen, einstufen. In diesem Fall geht es nicht um Anziehung, sondern um Ablehnung – ein kleiner Unterschied! Denken Sie daran, den Kontext mit einzubeziehen und auf andere Zeichen zu achten. Vielleicht wurde die Person von einer Mücke gestochen oder hat eine Schramme an der Stelle!

Gefallen Sie ihm? Sein Körper sagt es ...

Lieben die, die es vorgeben, Sie wirklich? Ihre Worte sind nicht so wichtig. Wenn ihre Körpersprache nicht dazupasst, belügen sie Sie. Würden Sie gern wissen, ob die Person, die Ihnen gefällt, das Gleiche für Sie empfindet? Beobachten Sie ihren Körper. Stellen Sie sich vor, dass Sie auf einer Cocktailparty sind. Sie fühlen sich etwas unwohl und wollen sich daher in der Nähe des Büfetts aufhalten oder sich ein Glas besorgen, um etwas sicherer aufzutreten. In der Zwischenzeit kreuzt Ihr Blick den einer Person, die Ihnen gefällt – das kann ein Bekannter oder ein neues Gesicht sein. Auch wenn der Blickkontakt sehr angenehm ist: Wenn Sie an seinen Augen hängen bleiben, werden Sie den Rest seiner Körpersprache verpassen.

Der Synergist Philippe Turchet gibt mehrere Beispiele von Sich-Kratzen oder -Streicheln, die körperliche Begierde anzeigen. Er kratzt sich an der Seite? Damit zeigt er Ihnen, meine Damen und homosexuellen Herren, ein fleischliches Begehren! Er streichelt sich am Arm, um Ihnen zu zeigen, dass er sich gern von Ihnen berühren lassen würde. Sie wissen, dass Sie ihm gefallen. Sie beschließen, ihn anzusprechen. Er neigt sich mit den Händen auf den hinteren Hosentaschen und seitlich nach vorne gekipptem Becken zu Ihnen? Er bildet sich viel auf seine sexuelle Ausstrahlung ein, würde Turchet sagen. Es ist klar, er will Sie. Sie gehen nicht auf seine Avancen ein, woraufhin er sich erlaubt, einen Schritt weiterzugehen. Natürlich ist er sich seiner Gesten nicht bewusst, aber sein Körper weiß, was er will! Er lässt seine Daumen in die Taschen gleiten, sodass seine Hände auf sein Geschlecht deuten. Allan Pease meint, dass diese Geste, die an Cowboys erinnert, klar sagt: „Ich will dich!" Außerdem nähert er sich Ihnen und dringt in Ihren persönlichen Bereich ein. Sie weichen nicht zurück, da er Sie ja sehr anzieht. Sie stellen sich ihm gegenüber, die Füße leicht ausgestellt. Sie sind völlig mit seinen Worten einverstanden. Sie ändern im gleichen Moment wie er Ihre Position: „Der Synchronismus der Mimik zeigt die absolute Übereinstimmung zweier Personen", schreibt Allan Pease.[33] Sie wollen, dass er Sie berührt. Sie streichen sich diskret über die Haare, den Hals, den Arm oder den Rumpf. Sein Körper wird verstehen, dass Sie von ihm berührt werden wollen. Er wird begreifen, dass die Anziehung gegenseitig ist ...

Nun zu Ihnen, meine Herren (und den Anhängerinnen der weiblichen Homosexualität). Die schöne Unbekannte auf der Cocktailparty geht auf Sie zu und streift mit der Hand ihren hinteren Oberschenkel. Unbewusst äußert sie so ihr Verlangen. Das ist eine subtile weibliche Geste, die man aber leicht bemerkt, wenn man darauf achtet. Sie können auf Sie zugehen – jetzt, da Sie wissen, dass Sie ihr gefallen. Natürlich ist der Gesichtsausdruck das wichtigste Element, aber das ist nicht Thema dieses Kapitels. Geduld! Sie unterhalten sich, Sie tauschen sich aus. Ihr Fuß zeigt zu Ihnen? Sie interessieren sie oder zumindest Ihre Worte interessieren sie. Das ist ein gutes Zeichen. Sie berührt leicht ihre Taille, während Sie reden und sie Ihnen zuhört. Ihr Körper sagt Ihnen: „Ich fände es schön, wenn Sie mich berühren würden." Sie sind auf dem richtigen Weg. Sie setzen sich und sie kreuzt ihre Beine in Ihre Richtung, um zu zeigen, dass sie interessiert ist. Ihr Oberkörper ist zu Ihnen geneigt. Ihre Worte gefallen ihr. Es entsteht eine kurze Stille. Um sie auszufüllen, sprechen Sie den ersten Gedanken aus, der Ihnen in den Sinn kommt: das letzte Hockeyspiel oder die letzte Fußball-WM. Böser Fehler! (Ich weiß, ich weiß, mein Beispiel ist stereotyp, denn es gibt Frauen, die das interessiert ...) Ihr Oberkörper entfernt sich von Ihnen und sie lehnt ihren Rücken am Stuhl an. Das zeigt, dass das Thema sie weniger fesselt. Sie manifestiert ihre Langeweile oder ihr Desinteresse. Schnell! Kommen Sie zum vorherigen Thema zurück oder fragen sie nach ihren Hobbys. Sie behauptet, 60 Stunden die Woche zu arbeiten. Da bleibt keine Zeit für ein Hobby! Sie steht auf und geht.

Wenn der Fuß zum Ausgang deutet, würde sie gern die Flucht ergreifen. Auch wenn ihre Worte voller Freundlichkeit scheinen, täuschen

33 Allan Pease: *Interpréter les gestes, les mimiques, les attitudes pour comprendre les autres ... et ne pas se trahir.* Nathan, Marabout, Paris 1988, S. 162.

Sie sich nicht: Sie hat es sich anders überlegt und will Ihrer Gesellschaft entkommen. Vielleicht gefällt ihr Ihre Stimme oder Ihr Geruch nicht. Vielleicht war ihr früherer Freund ein Fernsehsportler und sie hasst nun alle Fernsehsportler wie die Pest. Wenn sie sich ein bisschen am Rücken kratzt, bedeutet das, dass sie Ihnen den Rücken zuwenden und gehen will. Wenn Sie sie einladen, mit ihr auszugehen, und sie nickt, aber ihr Fuß oder ihre Hüfte wendet sich von Ihnen ab und zeigt in eine andere Richtung, sagen Sie sich, dass sie aus Höflichkeit Ja gesagt hat. Es kann gut sein, dass sie in letzter Minute absagt oder Ihnen sogar eine falsche Nummer gibt. Aber Sie sind vorgewarnt! Und sagen Sie ja nicht: „Puuuh, diese Frauen!" Entziffern Sie ihre Körpersprache, um sie zu verstehen – nicht nur, um sie zu bewundern ...

Gesichtsausdruck: Das demaskierte Gesicht

Lerne vor allem, die Wahrheit zu sehen.
So wird nichts, was du hörst, dich irreführen oder enttäuschen.
Guy Finley

Haben Sie schon einmal am Fenster auf Gäste gewartet, um ihren natürlichen Gesichtsausdruck zu sehen, unmittelbar bevor sie bei Ihnen klingeln und die Zeit hatten, ein freundliches Gesicht aufzusetzen? Sind Sie leicht verärgert, wenn jemand Sie auf der Straße erkennt, bevor Sie ihn gesehen haben, und Sie so ohne Ihre soziale Maske überrascht? Die Gefühle einer Person, die sich nicht bewusst ist, dass sie beobachtet wird, zeigen sich auf ihrem Gesicht. Öffentliche Transportmittel und die Straße sind ein wunderbares Terrain, um den „wahren" Gesichtsausdruck zu erfassen.

Untersuchungen haben gezeigt, dass 55 Prozent der nonverbalen Kommunikation mit dem Gesicht stattfinden. Das zeigt, wie wichtig es ist, in einem Gesicht lesen zu können. Hunderte verräterischer Gesichtsausdrücke können erscheinen. Ein krampfhaftes Lachen oder ein für den Bruchteil einer Sekunde verzogenes Gesicht kann gesagten Worten widersprechen. Oft existiert ein Bruch zwischen unseren Gefühlen und dem, was wir bereit sind preiszugeben. Wir scheitern also daran, nach außen das zu kommunizieren, was wir innerlich empfinden. Wir verbergen etwas. Dieses Verschleiern manifestiert sich jedoch für den erfahrenen Beobachter. Das Gesicht lässt Spuren von den Gefühlen hinter der Maske durchscheinen.

In diesem Kapitel werden wir versuchen die geläufigen Gesichtsausdrücke zu lesen. Wir befassen uns zunächst mit den Kopfbewegungen. Dann betrachten wir Gesten, die mit der Nase zu tun haben. Danach wenden wir uns den Blicken zu. Starre Blicke, Blickvermeidung oder Blickabwendung sowie Augenzwinkern werden für Sie nichts Geheimnisvolles mehr sein. Weiter geht es mit dem Mund – diesem Organ, das auch sprechen kann, wenn es still ist. Schließlich betrachten wir die Bedeutungen des Sich-am-Ohr-Kratzens, um mit der Erforschung der Gesichtssprache abzuschließen, die sich in der Liebe manifestiert. Aber bevor wir zum Kern des Themas vorstoßen, empfehle ich Ihnen einen kleinen Test bezüglich Ihrer Fähigkeit, die Aussagen eines Gesichts zu dekodieren.

Test: Können Sie in einem Gesicht lesen?

Rufen Sie sich ein Gespräch ins Gedächtnis, das Sie kürzlich geführt haben, und beantworten Sie auf einem Blatt Papier die folgenden Fragen mit „Ja“, „Nein“ oder „Ich weiß nicht“.

1. Lächelt die Person, wenn sie Sie empfängt?
2. Hebt Sie die Augenbrauen, macht sie ihre Augen weit auf, wenn sie Sie begrüßt?
3. Hat sie, wenn sie Sie anlächelt, kleine Fältchen in den Augenwinkeln?
4. Zeigt sie beim Lächeln die Zähne, heben sich ihre Wangenknochen und Mundwinkel?
5. Ist ihr Blick direkt? Sieht sie Sie oft an?
6. Ist ihr Lächeln wie erstarrt oder künstlich?
7. Umspielt ein krampfhaftes oder unförmiges Lächeln ihre Mundwinkel?
8. Erscheinen Ihnen ihre Augen trotz ihres Lächelns traurig und leblos?
9. Sieht sie Sie lange starr an?
10. Ist ihr Blick sanft und natürlich, wenn sie Sie ansieht?
11. Sieht sie Sie eher von der Seite als von vorne an?

12. Neigt sie dazu, den Blick zu senken und Ihren Anblick zu vermeiden?
13. Zwinkert die Person übertrieben oft, wenn sie spricht?
14. Wendet sie als Erste den Blick ab?
15. Gähnt sie oft, während sie mit Ihnen redet?
16. Schluckt sie, wenn Sie erzählen, dass Ihnen etwas Angenehmes passiert ist?
17. Hält sie sich mit der Hand den Mund zu, wenn sie spricht?
18. Beißt sie sich auf die Unterlippe?
19. Feuchtet sie ihre Lippen an?
20. Hat sie rote Wangen?
21. Stützt sie ihr Kinn mit der Hand?
22. Fasst sie sich beim Sprechen oft an die Nase?
23. Zupft sie sich öfter einmal am Ohrläppchen?
24. Schüttelt sie den Kopf?
25. Ist ihr Kopf zur Seite geneigt?

Je öfter Sie „Ja“ oder „Nein“ geantwortet haben, desto besser ist Ihre Fähigkeit, in einem Gesicht wie in einem offenen Buch zu lesen. Je öfter Sie geantwortet haben, dass Sie es nicht wissen, desto weniger ist Ihnen über die Gesichtsausdrücke anderer bekannt.

Am Ende dieses Kapitels werden Sie genau über jede Geste und Kombination von Gesten in diesem Test Bescheid wissen. Ihre Fähigkeit, in den Gesichtern Ihrer Mitmenschen zu lesen, wird sich in dem Maß erhöhen, wie oft Sie diesen Test nach einer Unterhaltung wiederholen.

Die Sprache des Kopfes

Indem Sie den Kopf Ihres Gesprächspartners beobachten, werden Sie wissen, ob er Ihnen wirklich zuhört, ob ihn das Gespräch interessiert, ob er Sie beurteilt oder sich langweilt. Sie werden seine Worte nicht mehr für bare Münze nehmen. Sie werden prüfen, ob sein Kopf im Einklang mit seinen Worten ist oder ihnen widerspricht. Da Gesichtsausdrücke verlässlicher als Worte sind, werden Sie wissen, woran Sie sich halten müssen.

Den Kopf schütteln

Sie wollen herausfinden, ob Ihr Gesprächspartner wirklich ehrlich ist? Beobachten Sie eine Zeit lang aufmerksam seinen Kopf, ohne dabei den Rest des Körpers außer Acht zu lassen. Gibt es eine Übereinstimmung zwischen seinen Worten und seinen Kopfbewegungen? Fragen Sie zum Beispiel Ihre Nachbarin, ob sie sich, während Sie im Urlaub sind, um Ihre Pflanzen kümmern kann. Sie willigt ein, aber ihr Kopf neigt sich dabei leicht zur Seite – eine zurückgehaltene Andeutung der Verneinung. Finden Sie heraus, ob sie sich trotz ihrer Unlust nicht traut, Nein zu sagen. Eine verbale Zustimmung wird bei expressiven Personen normalerweise von Kopfnicken begleitet, bei reservierteren Personen von einem leichten zustimmenden Kopfnicken. Achtung! Meistens zeigt Kopfnicken eine Zustimmung, aber viele Menschen nicken automatisch, um ihrem Gesprächspartner zu gefallen. Man sollte sich also nicht allein darauf verlassen. Wenn Ihre Nachbarin Ja sagt und nickt, sollten Sie auf den Rest ihres Körpers achten, um zu überprüfen, ob auch er Ihnen seine Zustimmung gibt. Wenn nicht, müssen Ihre Pflanzen vielleicht Durst leiden …

Der interessierte Kopf

Wenn Ihnen jemand wirklich zuhört, wird er seinen Kopf meist zur Seite neigen. Diese Geste ist besonders bei kleinen Kindern auffällig, die noch nicht sprechen oder sich gut ausdrücken können. Beachten Sie, wie sich ihr Kopf neigt, um Ihnen aufmerksam zuzuhören und Ihre Worte zu verstehen. Der leicht zur Seite geneigte Kopf Ihres erwachsenen Gesprächspartners zeigt, dass er auch an Ihren Worten interessiert, sogar von ihnen gefesselt ist.

Synergisten berücksichtigen auch die Richtung, in die der Kopf geneigt ist. Die linke Gehirnhälfte ist der Sitz der Gedanken und der Logik, der Worte. Sie steuert die rechte Körperhälfte. Umgekehrt steuert die rechte Gehirnhälfte, die für die Gefühle zuständig ist, die linke Körperhälfte. Nach Philippe Turchet zeigt ein nach links geneigter Kopf Mitgefühl und Freundlichkeit des Gegenübers. Nach rechts geneigt signalisiert der Kopf Anspannung und Sorgen.

Der Kopf, der beurteilt oder zweifelt

Haben Sie schon einmal bemerkt, dass die Person, mit der Sie sprachen, den Kopf gesenkt hatte, mit dem Kinn Richtung Hals und dem Blick nach unten? Wenn Ihnen das schon einmal passiert ist, haben Sie sich sicher beurteilt gefühlt. Diese Kombination ist nach Pease tatsächlich die einer Person, die beurteilt und abschätzt. Walters seinerseits betrachtet es als einen Hinweis darauf, dass der Zuhörer die Worte des anderen oder seine eigenen anzweifelt, wenn er diese Kopfhaltung einnimmt. Ob er Ihre oder seine Worte infrage stellt, hängt davon ab, ob er spricht oder Ihnen zuhört.

Der gelangweilte Kopf

Es ist sehr schwierig, den Kopf gerade zu halten, wenn man sich langweilt. Wenn jemand seine Hand braucht, um seinen Kopf zu stützen, ist das auf jeden Fall ein Zeichen für Langeweile oder Müdigkeit. Wenn er seine Hand ans Kinn lehnt und sein Zeigefinger zum Ohr zeigt, ohne dass er seinen Kopf stützt, denkt er nur nach. Würde sein Kopf nach unten fallen, wenn man ihm seine Stütze plötzlich wegnähme? Wenn ja, ist er gelangweilt. Ein anderes Zeichen, das nicht lügt: gähnen. Natürlich wird Ihr Gesprächspartner immer seine Müdigkeit vorschieben, um es zu entschuldigen. Aber kurioserweise hört er auf zu gähnen, sobald Sie sein Interesse wieder geweckt haben. Es stimmt, dass Gähnen physiologisch bedingt ist und einen dann überkommt, wenn der Körper müde ist. Aber warum gähnt man nie, wenn man von einer Unterhaltung begeistert ist? Laut Lillian Glass gähnt man, wenn einem langweilig ist oder man ein Thema vermeiden will. Weil er sich durch das Gähnen seines Zuhörers unwohl fühlt, wird der Gesprächspartner versuchen das Thema zu wechseln, was auch der Lügner oder der, der etwas verstecken will, tun würde.

Wenn Sie Veränderungen ausmachen, die Langeweile im ständigen Verhalten Ihres Gegenübers anzeigen, und wenn diese Veränderungen zu einer Reihe von Fassetten gehören, müssen Sie sich nicht mehr fragen, ob die Person sich langweilt oder wirklich müde ist. Verschränkte Arme, ein langes sonores Gähnen, der aufs Kinn gestützte Kopf: Das sind Anzeichen für Langeweile. Wenn die Person das abstreitet, lügt sie schlicht und einfach aus Höflichkeit. Es ist höchste Zeit, sich zu verabschieden und ihr Erholung zu gönnen ...

Die kitzelnde Nase

Meistens kratzen sich die Menschen an der Nase, um ein Gefühl zu verbergen oder weil sie gestresst sind. Der Zusammenhang zwischen Nase und Gefühlen ist bewiesen. Man riecht mit der Nase und spürt seine Empfindungen, wie es Turchet richtig behauptet. Denken Sie an den geläufigen Ausspruch „Ich kann ihn nicht riechen", der die Ablehnung ausdrückt, die wir einigen Personen gegenüber verspüren. Lillian Glass meint, das Sich-an-der-Nase-Berühren sei eine unterbewusste Handlung, die zeigt, dass derjenige etwas verbergen möchte, den anderen hinters Licht führt oder ihm nicht die Wahrheit sagt. Seine Nase berühren ist eine subtilere Variante der kindlichen Geste, sich den Mund zuzuhalten, nachdem man gelogen hat.

Aber warum juckt es den Lügner an der Nase? Nach Meinung einiger Autoren erhöht das Lügen die Anspannung der Nerven und den Blutdruck. Diese Erhöhung hängt vom Lügentyp ab. Je seltener man lügt, desto nervöser ist man dabei. Auch bei den großen Lügnern gibt es geringfügige physiologische Veränderungen, die die Empfindsamkeit der Nasenscheidewände beeinflussen. Diese verursachen ein mehr oder weniger wahrnehmbares Jucken, das einen zum Kratzen veranlasst.

Die nachdenkliche Nase

Ein leichtes Berühren der Nase zeigt Wissensdurst. Man reibt sich die Nase, wenn man nachdenkt. Das nennt Turchet die „Cyrano-Nase“. Der Kontext wird Ihnen Aufschluss darüber geben, ob die Person sich an der Nase berührt, weil sie sich auf ihre Gedanken konzentriert. In diesem Fall kann es sein, dass sie sich auch am Kopf kratzt. Dieser kann auch aufs Kinn gestützt sein, während der Zeigefinger zum Ohr zeigt.

Die Lügennase

Die Nase von Pinocchio haben Leute, die etwas zu verbergen haben oder lügen. „Das Kratzen unten an der Nase zeigt sehr genau die Kluft zwischen unseren Wünschen und dem, was wir ausdrücken. So kann man schnell sagen, dass das Kratzen am Nasenflügel für eine Lüge spricht.“[34] Aber tappen Sie nicht in die Falle, den anderen der

34 Philippe Turchet: *La synergologie*. Les Éditions de l'Homme, Montréal 2000, S. 164–165.

Lüge zu bezichtigen, nur weil er sich einmal an der Nase kratzt! Beobachten Sie die Fassetten seiner Gestik und denken Sie an den Kontext.

Halten wir die Hand vor die Nasenlöcher, bedeutet das, dass wir etwas nicht riechen wollen. Sie bitten zum Beispiel Ihren Partner, den Müll hinauszubringen und er hält sich die Hand vor die Nase. Es kann sogar sein, dass er seinen Daumen gegen ein Nasenloch drückt. Ihr Partner will den Geruch des Mülls nicht in der Nase haben! Seine Geste deutet an, dass er einen höflichen Weg sucht, davon Abstand zu nehmen. Sie bestehen darauf und argumentieren damit, dass Sie den ganzen Haushalt schmeißen und er faul ist. Er kratzt sich mit dem Zeigefinger an der Nasenwurzel. Er ist sehr verärgert. Nach Turchet bedeutet diese Geste: „Das, was ich rieche, ärgert mich. Ich kann nicht glauben, was ich sehe."

Aber wenn Ihr Gesprächspartner sich von links nach rechts unten an der Nase kratzt, während er spricht, ist es gut möglich, dass er gerade lügt. Wenn er diese Geste macht, während Sie reden, kann es sein, dass er denkt, dass Sie lügen. Es ist dann an Ihnen, zu einer ehrlichen Unterhaltung zurückzufinden, wenn Sie unehrlich waren. Ansonsten sollten Sie sich deutlicher ausdrücken, um ihn von Ihrer Ehrlichkeit zu überzeugen.

Ziehen Sie nicht gleich den Schluss, dass die Person, die ihre Nase berührt, lügt. Überprüfen Sie die anderen möglichen Ursachen: Trockene Luft, eine Erkältung oder Allergie können ebenfalls einen Juckreiz auslösen.

„Du hast wunderschöne Augen ..."

Oft heißt es, die Augen seien der Spiegel der Seele. In der nonverbalen Kommunikation würde ich sagen, dass die Augen Fenster sind, durch die man zu den Gefühlen Zugang hat. Viele geläufige Aussprüche zeugen von einer Verbindung zwischen Augen und Gefühlen.

Sagt man von einer mutigen Person nicht, dass sie „den Tatsachen ins Auge blickt"? Der Skeptiker sagt: „Ich traue meinen Augen nicht!" Der Verführer macht der Dame seines Herzens „schöne Augen". Wenn Sie mit jemandem reden, ist es in Ihrem Interesse, die „Augen offen zu halten", um zu sehen, was der Blick des anderen sagen will.

Die Art des Blickes ermöglicht es, die Absichten zu erkennen. Weil die Augen eloquent sind, können wir daran ablesen, ob der andere uns mag oder hasst, ob er nervös oder aufgeschlossen ist, ob er etwas zu verbergen hat. Das Entdecken von Unstimmigkeiten, Anzeichen für Betrug und Lüge, funktioniert unter anderem durch die Beobachtung der Augen.

Professioneller oder intimer Blick?

Wollen Sie wissen, welches die Absichten Ihres Gesprächspartners Ihnen gegenüber sind? Beobachten Sie, wie er Sie ansieht. Der professionelle Blick beschränkt sich darauf, die Augen und die obere Gesichtspartie eingehend zu untersuchen. Der persönliche Blick beinhaltet die Augen, senkt sich aber bis zum Mund hinunter. Beim intimen Blick, den man auch den „Blick, der einen auszieht", nennt, ist die Person so kühn, die Augen bis zu Ihrer Brust oder noch tiefer zu senken.

Einem Mann, der wissen wollte, wieso ich ihm meine Nummer nicht geben und auch seine nicht haben wollte, antwortete ich erzürnt: „Sie haben mich zwei Mal hintereinander von Kopf bis Fuß gemustert!" Seine Zustimmung bestätigte die Eindeutigkeit seines Blicks. Außer wenn Frauen eine Begleitung für einen Abend suchen, fliehen sie sofort vor Männern, die sie mit ihren Blicken ausziehen, und machen sich nicht einmal die Mühe, sie kennen zu lernen. Zumindest sind die Absichten dieser Männer klar!

Wenn wir mit den vier Codes der Person, mit der wir kommunizieren, in Kontakt sind, können wir uns nicht darauf beschränken, ihre

Augen zu betrachten – so professionell wir auch sein mögen. Der Blick desjenigen, der versucht die Körpersprache zu dechiffrieren, wird zwangsläufig dem intimen Blick ähneln und genauso lüstern wirken! Der Trick besteht darin, mit den Augen den Körper des anderen zu überfliegen, ohne sich zu sehr unterhalb des Gesichts aufzuhalten oder einen bestimmten Teil zu fixieren.

Augen, die lieben oder hassen

Wir neigen dazu, häufiger die Personen anzusehen, die wir mögen. Nicht nur die Frequenz unserer Blicke ist dann erhöht, sondern auch ihre Dauer. Unsere Pupillen erweitern sich, wenn das Objekt unserer Zuneigung vor unseren Augen erscheint. Umgekehrt versuchen wir, die Leute, die wir nicht mögen oder die uns egal sind, weniger anzusehen. Unsere Pupillen ziehen sich zusammen, wenn wir jemanden sehen, den wir nicht mögen. Die Pupillen lügen nicht: „Sehen Sie Ihrem Gesprächspartner in die Augen und Sie werden alles über seine Gefühle wissen“, sagt uns Allan Pease.[35]

Der starre Blick

Wenn wir jemanden anstarren, passiert dass, entweder weil wir ihn mögen oder anziehend finden oder weil wir ihm gegenüber feindlich eingestellt sind. Ein „normaler“ Blick dauert nicht länger als drei Sekunden. Alles, was darüber hinausgeht, deutet auf Attraktion oder Ablehnung hin. Um auszumachen, um welchen der beiden Gegensätze es sich handelt, muss man auf andere verbale und nonverbale Zeichen achten. Diesbezüglich können Sie am Ende dieses Kapitels den Abschnitt mit dem Titel „Das ehrliche Gesicht eines geliebten Menschen“ lesen.

---

35 Allan Pease: *Interpréter les gestes, les mimiques, les attitudes pour comprendre les autres … et ne pas se trahir.* Nathan, Marabout, Paris 1988, S. 127.

Natürlich können wir den anderen mit den Augen fixieren, während wir ihn anlügen. In diesem Fall sind die Muskeln rund um die Augen nicht entspannt. Der Blick ist intensiv, stetig und angespannt.

Wenn die Fixierung des Blickes oder der feste und intensive Augenkontakt eine Veränderung in einem konstanten Verhalten darstellt, ist das von großer Bedeutung. Im Gegensatz zu einer ehrlichen, fälschlich angeklagten Person, die einem starken und direkten Blick mit entspannten Augenmuskeln standhält, ist der Lügner angespannt. Sein fixer Blick stellt den Versuch dar, die Person, mit der er sich unterhält und die er belügt, weiterhin zu kontrollieren oder zu dominieren. Dieser Blick ist eine Art, zu sagen: „Stelle mich nicht infrage, zweifle nicht an meinen Worten, sonst wird das schlecht ausgehen!" Der Lügner mit den starren Augen will beweisen, dass er ehrlich ist, weil er dem anderen, während er redet, in die Augen sehen kann. Er hat den Mythos im Kopf, dass Lügner den Blick ihres Gegenübers meiden, und bemüht sich daher, ihm direkt in die Augen zu sehen, um diesen irrtümlichen Glauben zu dementieren und glaubhaft zu wirken. Das ist jedoch zu viel des Guten. Die Starre und die Anspannung verraten ihn.

Wenn es sich um eine Person handelt, die immer einen starren Blick hat, fällt die Interpretation anders aus. Es ist also wichtig, sich zu fragen, ob die Fixierung des Blicks Teil des normalen Verhaltens ist oder eine Veränderung darstellt. Wenn eine Veränderung eingetreten ist, ist das ein Zeichen für eine raffinierte kommunikative Leistung: Die Person verwendet ein falsches Verhalten, um ein Gefühl zu verbergen oder zu maskieren.

Der verlogene Student des Herrn Ric

Bei seiner ersten Vorlesung als Professor an einer Universität war Herr Ric über einen Studenten und eine Studentin verärgert, die während der gesamten Vorlesung schwätzten. Er sagte ihnen, dass er sie auseinander setzen würde, wenn sie nicht aufhörten. Bei der

Studentenbefragung betraf ein Kommentar diesen Vorfall: „Der Professor behandelt die Studenten wie Erstklässler. Nie habe ich mich so gedemütigt gefühlt wie in dem Augenblick, als er mir androhte, mich umzusetzen.“ Es folgten einige ziemlich harte persönliche Urteile. Monsieur Ric fühlte sich zu Unrecht kritisiert und konnte nicht glauben, dass die betreffende Studentin so viel gegen ihn gesagt hatte. Er sprach mit ihr darüber. Sie sagte ihm alles, was sie geschrieben hatte, und der junge Professor erkannte, dass diese Kommentare nicht von ihr kamen. Er schloss daraus, dass der Student, mit dem sie unaufhörlich plapperte, sich abreagiert hatte, indem er sich für sie ausgab. Letztere war Chefredakteurin der Studentenzeitung, in der ein anderer junger Mann unter dem Pseudonym „Cétacé“ schrieb. Niemand wusste, wer das war. Er wagte es, Dinge auszusprechen, für die er unter seinem richtigen Namen nie die Verantwortung übernommen hätte. Die Chefredakteurin gab bekannt, dass es derselbe Student sei, der sich für sie ausgegeben hatte. Herr Ric entschied, ihn in sein Büro zu bestellen und mit der Wahrheit zu konfrontieren. Er sagte ihm auf den Kopf zu, dass er wüsste, dass er versucht hatte, sich in der Umfrage als die Chefredakteurin auszugeben. Der Student sah ihn starr an und sagte: „Ich schwöre Ihnen, dass ich es nicht war.“ Er wirkte völlig unschuldig und verletzt, zu Unrecht beschuldigt zu werden. Wenn der Professor nicht schon die Wahrheit gewusst hätte, hätte er ihm geglaubt. Der Student blickte ihm unaufhörlich in die Augen, ohne mit der Wimper zu zucken, was ein Anzeichen für die Lüge ist. Herr Ric sagte: „Es ist genug, du bist demaskiert, Cétacé. Ich habe Beweise.“ Der junge Mann warf ihm einen finsteren Blick zu und verließ das Büro mit lautem Türenschlagen. Von diesem Tag an verschlechterte sich ihr Verhältnis gravierend. Herr Ric musste erkennen, dass der Preis für die Befriedigung, einen Lügner offen zu demaskieren, sehr hoch war. Man muss wissen, mit wem man es zu tun hat, um sich davor zu schützen und sich nicht in einen Gerichtsherren zu verwandeln, der es sich mit jedem verscherzt!

Mit den Augen fliehen

Der flüchtige Blick wird manchmal verwendet, um eine Anziehung zu vertuschen: Die Person will nicht zugeben, dass ihr jemand gefällt oder dass sie verliebt ist, und wagt es daher nicht, das Objekt ihrer Begierde anzusehen. Das kommt oft bei Jugendlichen vor, die schüchtern den Kopf senken und dem/der Angebeteten verstohlene Blicke zuwerfen.

Wenn eine Person am Ende eines Satzes den Augenkontakt abbricht und das eine Verhaltensänderung darstellt, die von anderen begleitet wird (denken Sie an die verschiedenen Fassetten), ist das wahrscheinlich ein Anzeichen für Stress oder sogar Betrug. Stellen Sie sich zum Beispiel vor, Sie wollten ein Auto kaufen und stellten viele Fragen über den Wagen, der Sie interessiert. Der Verkäufer antwortet Ihnen enthusiastisch und ohne Zögern. Wenn Sie jedoch etwas über die Garantie wissen wollen, wendet er den Blick ab und sein Eifer schwindet. Es ist gut möglich, dass die Garantie gewisse Teile nicht beinhaltet oder eine Vertragsklausel sie begrenzt. Ein erfahrener Käufer weiß, dass er in dieser Situation auf der Hut sein sollte.

Der Lügner, der sich schuldig fühlt, vermeidet im Allgemeinen den Augenkontakt. Denn viele Leute glauben, dass man in ihren Augen lesen kann, und sehen daher lieber woanders hin, wenn sie lügen. Sie zupfen sich Flusen vom Pulli, spielen an etwas herum usw. Erinnern Sie sich an die beschäftigten Hände zurück, die das Lügen erleichtern. Zusammen mit der Vermeidung des Blickkontakts können sie eine Reihe bedeutsamer Verhaltensweisen ausmachen, wenn es um eine plötzliche Veränderung in Zusammenhang mit dem behandelten Thema geht. Aber Vorsicht: *Mehrere Studien haben gezeigt, dass das Vermeiden des Blickkontakts kein zuverlässiges Kriterium ist, um eine Lüge zu entlarven.*

Diverse Gründe bewegen einen dazu, den Blickkontakt mit dem anderen abzubrechen. Zum Beispiel: Unser Gesprächspartner spricht von etwas, das uns nicht gefällt, wir fühlen uns ihm unterlegen oder verachten ihn ganz im Gegenteil. Der soziokulturelle Kontext sollte auch immer berücksichtigt werden. So sehen es einige asiatische Völker als unhöflich an, einer höher gestellten Person in die Augen zu sehen. Auch die Persönlichkeit spielt eine Rolle. Introvertierte Personen sehen ihrem Gegenüber seltener in die Augen als Extrovertierte. Bei der Interpretation des flüchtigen Blicks ist Vorsicht geboten. Das folgende Beispiel zeigt, wie wichtig es ist, alle Gesten in ihrer Gesamtheit zu berücksichtigen.

Eine schwer zu übermittelnde Information

In dem Film „Bittere Wahrheit“ von François Margolin erfährt eine schwangere Frau (gespielt von Nathalie Baye), dass sie HIV-positiv ist. Sie hat ihren Mann nie betrogen, keine Drogen genommen und nie eine Bluttransfusion erhalten. Sie beginnt, Nachforschungen über Charles, ihren Mann, anzustellen, denn sie ist davon überzeugt, dass er sich angesteckt hat und die HIV-Infektion nun ihr übertragen hat. Ihre Hausangestellte und ihr Freund helfen ihr bei der Detektivarbeit. Die Frau erfährt, dass ihr Mann regelmäßig eine kleine Bar besuchte, die sie nicht kennt. Sie bittet den Freund ihrer Haushälterin, diese einmal aufzusuchen. Er stellt fest, dass es eine Bar für Schwule ist. Als er zurückkommt, sagt er, dass ihm nichts Besonderes aufgefallen sei. Er nimmt eine Zigarette. Als er aufgefordert wird, etwas präziser zu werden, erklärt er: „Es gibt Typen, die spielen, Typen, die trinken ...“ Er fügt, indem er die Augen senkt, um sein Streichholz anzuzünden, hinzu: „Es gibt auch Frauen dort.“ Nach seiner Lüge hat er seinen Blick abgewendet. Als er raucht, bedeckt seine ganze Hand seinen Mund, statt nur Daumen und Zeigefinger. Nach zwei Zügen schüttelt er den Kopf leicht von links nach rechts. Seine Kopfbewegungen widersprechen seinen Worten. Seine Stimme klingt stumpf und abgehackt. Das unterscheidet sich von seinem normalen Verhalten, das eher entspannt und ruhig ist. Nicht nur sein abgewandter Blick zeigt, dass er lügt, sondern vor allem die Veränderung in seinem Verhaltensmuster und auch die Gesamtheit der neuen Gesten, die das Meiden des Blicks begleiten: das Kopfschütteln, die Zigarette, die er so hält, dass seine Hand seinen ganzen Mund bedeckt, die Stimme, die seinen Worten widerspricht. Wenn es wirklich nichts Besonderes in der Bar gegeben hätte, wie er behauptet, wäre sein Blick nicht flüchtig, seine Stimme wäre entspannt und weniger dumpf und sein Redefluss wäre nicht gehemmt. Im Kontext der Befragung gab er sich ruhig, statt nervös zu sein, und versuchte die Nervosität durch festes Auftreten zu verbergen. Später gesteht er seiner Freundin: „Charles ist schwul." Er log, weil er der aidskranken Frau nicht beibringen wollte, dass ihr Mann schwul ist.

Das Augenzwinkern

Menschen, die ständig zwinkern, sind meistens nervös und es fehlt ihnen an Selbstvertrauen. Je schneller ihre Lider sich bewegen, desto mehr sind sie im Stress. Diese Geste zeigt auch an, wie schnell sie denken. Die Geschwindigkeit der Gedanken setzt sich tatsächlich in einer Erhöhung der Lidschlagfrequenz um. Das passiert manchmal bei Lügnern, die ihre Lügen selbst nicht glauben und nervös sind, weil sie Angst haben, dass man ihnen auf die Schliche kommt und sie des Lügens beschuldigt.

Die Feueraugen der Lügner[36]

Eine 2001 durchgeführte Studie der Mayo-Klinik in Minnesota deckt auf, dass sich die Augenpartie von Lügnern in sechs von acht Fällen leicht rötet. Dieses Rot ist für das bloße Auge unsichtbar. Nur eine Infrarotkamera kann es erkennen. Die Gesichtstemperatur von Lügnern kann von 29 Grad Celsius oder etwas weniger auf 38 Grad Celsius ansteigen. Die Kamera ist so programmiert, dass sie nur eine schwarze Fläche zeigt, wenn die Hauttemperatur unter 29 Grad Celsius liegt – der normalen Temperatur von Personen, die sich nicht in einer Stresssituation befinden. Die Erhöhung der Gesichtstemperatur wird von der Kamera durch gelbe, orangefarbene und rote Färbung angezeigt. Die Zuverlässigkeit dieser Kamera ist höher als die des Lügendetektors. Tatsächlich hat die Infrarotkamera 83 Prozent aller Lügner entlarvt, während die Erfolgsquote des Polygraphen bei 70 Prozent liegt. Diese Kamera könnte potenziell eingesetzt werden, um Menschen ohne ihr Wissen zu filtern, zum Beispiel in Flughäfen. Die Ergebnisse erhält man unmittelbar. Außerdem benötigt man keine Experten, um sie zu dekodieren, wie es beim Lügendetektor der Fall ist. Nur die Passagiere, deren Augenpartie sich rötet, wenn sie die Fragen der Zollbeamten beantworten, würde man intensiver befragen. Diese Erfindung könnte eventuell dazu dienen, Terrorakten wie dem am 11. September 2001 in den USA vorzubeugen. Dennoch gibt sich Frank Horvath, Professor für Gerichtskriminalistik an der Michigan State University, wenig beeindruckt von der Erfahrung der Mayo-Klinik. Tatsächlich zeigen die Fotos der Kamera nur physiologische Veränderungen, die auf Angst oder Beklemmung beruhen. Solche Veränderungen sind kein Beweis für eine Lüge. Personen, die bei einem

36 Tom Spears und Rick Callhan: *Blush of Deception: Heat-sensitive camera sees red when you fib.*The Gazette, 3. Januar 2002.

Geräusch zusammenzucken, wiesen auch eine erhöhte Temperatur rund um die Augen auf. Außerdem konnte fast ein Fünftel aller Personen lügen, ohne entlarvt zu werden. Das sind wahrscheinlich Personen, die es gewohnt sind, zu lügen, oder die in der Lage sind, ihren Stress zu bewältigen. Die Infrarotkamera muss also noch ziemlich verbessert werden, bevor man sie in den Flughäfen einsetzen kann ...

Ein Mund spricht ... ohne Worte

Ein Mund kann Worte sagen, die berühren. Neigen Sie dazu, Worte von jemandem aufzusaugen, der Ihnen Komplimente macht oder sich bei Ihnen bedankt? Geben Sie sich nicht damit zufrieden, die Worte, die Sie verzaubern, anzuhören. Beobachten Sie auch den Mund desjenigen, der sie ausspricht. Was bedeutet es, wenn er sich nach seinem Kompliment mit der Zunge über die Lippen fährt? Wissen Sie, was Sie davon halten sollen, wenn er sich mit den Schneidezähnen auf die Unterlippe beißt? Können Sie sein Lächeln dekodieren und ein echtes von einem falschen unterscheiden? Der folgende Abschnitt lüftet den Schleier über dem, was der Mund ohne Worte aussagt.

Sich auf die Lippen beißen

Auch wenn die Geste des Sich-auf-die-Lippen-Beißens ein Anzeichen für Nervosität oder Wut sein könnte, ist es ebenso möglich, dass derjenige damit das Gespräch kontrollieren will. In diesem Fall versucht diese Person die Worte zurückzuhalten, bevor sie aus ihrem Mund kommen. Der Kontext und die anderen Gesten machen es möglich, den korrekten Sinn zu ermitteln. Ballt der andere die Fäuste, während er sich auf die Lippe beißt und Ihnen einen finsteren Blick zuwirft? Kein Zweifel, damit drückt er seine Wut aus. Er gestikuliert und geht aufgeregt hin und her? Er ist nervös. Wenn diese beiden Gesten nicht auftreten, können Sie (diskret) jubilieren, während Sie ihn befragen: Sie wissen, dass er versucht, Informationen vor Ihnen geheim zu halten. Stellen Sie ihm eine Falle, damit er sein Wissen preisgibt.

Sich mit der Zunge über die Lippen fahren

Seinen Mund bedecken oder seine Lippen berühren kann ein Hinweis auf eine Lüge sein. Das Lippenbefeuchten mit der Zunge ebenfalls. Aber bevor man davon ausgeht, muss man zwei andere mögliche Ursachen ausschließen: Medikamente oder Verführung. Gewisse Medikamente trocknen den Mund aus. Wenn Sie wissen, dass die Person Antidepressiva nimmt, können Sie davon ausgehen, dass ihr Mund trocken ist. Das ist bei dieser Art Arznei eine geläufige Nebenwirkung. Gibt es Grund zu der Annahme, dass diese Person Sie verführen möchte? Versuchen Sie sich daran zu erinnern, ob sie sich mit einer Hand durch die Haare gefahren ist, Sie oft angelächelt hat, sich in Ihrer Nähe aufhielt und Sie streifte, ja sogar berührte. Diese Gesten deuten alle auf sexuelles Interesse hin. Wenn die Zunge auf den Lippen von anderen der aufgeführten Zeichen begleitet wird, verwendet derjenige sein ganzes Verführer-Repertoire. Das heißt, dass er sich wahrscheinlich nicht wirklich von Ihnen angezogen fühlt. Personen, die gern verführen, wollen meist nur ihre Verführungskünste testen und die Versuchspersonen gar nicht wirklich kennen lernen.

Wenn Sie Medikamente und Verführung ausgeschlossen haben, können Sie sich fragen, ob das Sich-über-die-Lippen-Fahren ein nervöser Tick der Person ist oder wirklich für eine Veränderung steht. In dem Fall kommt es darauf an, ob noch andere Fassetten eines veränderten Verhaltens auftreten. Lassen diese neuen Gesten auf eine Lüge schließen? Welches Gesprächsthema hat mit dem Auftreten dieser Veränderungen zu tun? So viele Fragen, mit denen Sie sich so bald wie möglich nach dem Gespräch näher befassen sollten, wenn Sie allein sind, um die Fakten gegenzuprüfen.

Echtes oder aufgesetztes Lächeln?

Ihre Kollegin lächelt Sie an. Aber freut sie sich wirklich, Sie wiederzusehen, oder ist ihr Lächeln nur eine höfliche Geste? Sie sehen einen alten Freund nach längerer Zeit wieder. Ist sein Lächeln aufrichtig? Lillian Glass ist der Ansicht, dass jemand, der uns mit einem gezwungenen Lächeln begrüßt, uns nicht wirklich mag. In vielen Situationen in Gesellschaft lächeln wir automatisch nervös.

Der Soziologe Erving Goffman meint sogar, dass das Lächeln ein Ritual ist, um die Begrüßung freundlicher zu machen, das dem anderen ohne Worte sagt, dass er nicht feindlich empfangen wird. Für den Untergeordneten stellt Lächeln einen Weg dar, sich die Gunst der dominanten Person zu sichern. Goffman hat auch festgestellt, dass in der Werbung, genau wie in der amerikanischen Gesellschaft der 1970er-Jahre, die Frauen bei gemischten Zusammenkünften viel häufiger und intensiver lächeln als die Männer. Die Ergebnisse meiner Doktorarbeit, in der es um die Werbung in Québecer Magazinen von 1993 geht, deuten in dieselbe Richtung.[37]

Wenn man einen Menschen auf einem Foto oder in echt aufmerksam betrachtet, kann man das ehrliche vom künstlichen und das unförmige vom nervösen oder schüchternen Lächeln mit geschlossenen Lippen unterscheiden.

Das echte Lächeln

Ein echtes Lächeln drückt uneingeschränkte Freude aus. Wir lächeln authentisch, wenn wir uns freuen, jemanden zu sehen, oder seine Worte wirklich lustig finden. Wie erkennen wir ein ehrliches Lächeln? Indem wir uns auf das ganze Gesicht konzentrieren und nicht nur auf die untere Hälfte. Bei einem echten Lächeln entstehen Lachfältchen.

37 Marie-France Cyr: *Parade et modèles de relations homme-femme dans les magazines féminines québecois de 1993*. Doktorarbeit, Kommunikationsabteilung, Universität von Québec in Montréal, 1999.

Auch Kinder haben diese Fältchen, wenn sie lächeln. Ein ehrliches Lächeln erhellt das ganze Gesicht. Die Augen strahlen, die Wangenknochen heben sich, die Zähne werden sichtbar.

Ich kenne einen gut aussehenden Mann, der es vermeidet, beim Lächeln die Augen zusammenzukneifen, weil er Angst hat, vor der Zeit Falten zu bekommen. Diese Sorge ist meistens Frauensache, aber sie haben in unserer Gesellschaft, die die Jugend mehr schätzt als das Alter, nicht das Monopol auf die Angst vor dem Altern. Dieser 39-jährige Mann hat trotz seiner Anti-Falten-Cremes und seines Lächelns ohne Augenzukneifen Falten – was aber seine sexy Ausstrahlung nicht verringert (man kann Falten haben und trotzdem gut aussehen!). Sein aufgesetztes Lächeln hat nichtsdestoweniger dazu geführt, dass die Menschen um ihn herum sich unwohl fühlen. Es ist nicht erstaunlich, dass seine Angestellten und seine Familie ihn für oberflächlich halten, auch wenn das nicht der Fall ist. Ich finde das jammerschade!

Das aufgesetzte Lächeln

Erinnern Sie sich daran, wie man Sie in Ihrer Jugend zwang, mit aufs Familienfoto zu kommen? Sie gaben sich große Mühe, so zu lächeln wie alle anderen, aber Ihre Augen zeigten eher Ihre Unlust, sich diesem Ritual zu fügen. Ein Lächeln kann man leicht imitieren, aber ein authentisches Lächeln lässt sich einfach nicht simulieren. Wenn man ein starkes Gefühl vorgibt, das man nicht empfindet, wie die Freude, jemanden wiederzusehen, kann der Gesichtsausdruck nicht dieselbe Intensität haben. Nicht nur die Augen verraten denjenigen, der aus Höflichkeit, Nervosität oder Interesse lächelt, auch die Wangenknochen, die sich nicht bewegen wollen. Nur die untere Gesichtshälfte wird lächeln. Betrachten Sie die Fotos in Ihrem Album oder werfen Sie einen Blick in die Zeitungen, Zeitschriften oder sogar auf Buchcover. Verdecken Sie die untere Gesichtshälfte und konzentrieren Sie sich auf die Augen. Sind sie zusammengekniffen? Ist ihr Ausdruck fröhlich oder feindlich? Ist Letzteres der Fall, können Sie sicher sein, dass es ein falsches Lächeln ist.

Das aufgesetzte Lächeln zeigt die Zähne, ohne die Augen mit einzubeziehen. Die Zähne zeigen ist eine Geste aus der Tierwelt, die für ihren offensiven Charakter bekannt ist: Das Tier zeigt damit, dass es jederzeit zum Angriff übergehen kann, wenn es nötig wird. Wir vergessen zu oft unsere tierische Seite. Ein Lächeln kann aggressiv sein. Das Unterbewusstsein nimmt das übrigens als versteckte Drohung wahr, woher unser ungutes Gefühl rührt, wenn man uns mit einem raubtierhaften Lächeln für etwas dankt. Das nervöse Lächeln kann auch eine Geste der Unterwerfung angesichts einer potenziellen verbalen oder körperlichen Aggression sein.

Das krampfhafte oder verformte Lachen

Es kommt vor, dass ein Lächeln nur halb erfolgreich ist. Ein Mundwinkel hebt sich, während der andere nach unten geht, was die wahren Gefühle dieser Person zeigt. Wenn Sie über ein Foto verfügen, verdecken Sie einmal die linke Gesichtshälfte und beobachten Sie das Lächeln und die Augen. Machen Sie das Gleiche dann mit der anderen Seite. Beim verformten Lächeln werden Sie klar erkennen, welches Gefühl die Person verbergen wollte.

Manchmal sind es die Falten der einzelnen Gesichtshälften, die trotz des Versuchs, zu lächeln, in sich zusammenfallen. So ist es in dem Trickfilm „Pinocchio", als die kleine Marionette eine Zigarre mit ihrem neuen Freund Crapule raucht. Er fragt Pinocchio: „So, lachen wir uns kaputt?" Pinocchio hat gerade inhaliert und sein Gesicht ist ganz grün geworden. Er nickt mit dem Kopf und versucht zu lächeln, aber seine Gesichtszüge fallen wieder nach unten. Außerdem sind seine Lider ziemlich weit zu und zeigen zwei Pupillen, die einen Punkt zu fixieren scheinen. Der Zeichner hat das unförmige Lächeln des

Lügners sehr gut dargestellt. Pinocchios Kopfnicken widerspricht seinem falschen Lächeln. Trotz seiner Zustimmung amüsiert er sich nicht wirklich!

Das Lächeln mit zusammengekniffenen Lippen

Das kleine Lächeln mit geschlossenen oder zusammengekniffenen Lippen ist kein echtes Lächeln. Die Person bemüht sich, zu lächeln, es gelingt ihr aber nicht. Oft ist es ein nervöses Lächeln. Behalten Sie dennoch im Kopf, dass einige Personen nicht lächeln wollen, weil sie sich schämen, ihre Zähne zu zeigen. Es kann auch sein, dass ein kleines Lächeln einer schüchternen Person zurückgehaltene Freude ausdrückt: Sie freut sich, Sie zu sehen, traut sich aber nicht, Ihnen das sehr deutlich zu zeigen. Das ist oft der Fall, wenn man die Leute nicht so gut kennt oder nicht zeigen will, dass man verliebt ist. Die Augen verraten einen. Wenn auch die Augen lächeln und die Krähenfüßchen sichtbar werden, freut sich die Person wirklich, Sie zu sehen, auch wenn sie ihre Zähne nicht zeigt.

Ich benutze oft das kleine Lächeln, vor allem wenn ich Leute treffe, die ich nicht so gut kenne, oder während Fotosessions. Das einzige Mal, dass ich während der Sessions ehrlich lächle, ist, wenn der Fotograf mich zum Lachen bringt, aber diese Fotos wurden bisher nie für die Veröffentlichung ausgewählt. Ich versuche lieber ein kleines Lächeln mit „lachenden" Augen, als ein großes falsch wirkendes Lächeln zu zeigen.

Sich die Ohren zuhalten

Im Büro sind Sie gerade in die spannende Erzählung Ihres letzten romantischen Abenteuers vertieft. Vielleicht möchte die Kollegin, die seit zwei Jahren Single ist, Ihnen nicht zuhören? In diesem Fall jucken ihr die Ohren. Das Kind, das die Vorwürfe der Eltern nicht hören will, hält sich die Ohren richtiggehend zu. Diese Geste existiert beim zivilisierten Erwachsenen noch als Überbleibsel. Der Synergist Turchet klärt uns diesbezüglich auf: Wenn Ihr Gesprächspartner sich am Ohrläppchen kratzt, traut er sich nicht, Ihnen zu sagen: „Das, was du sagst, nervt mich." Sie liefern ihm spannenden Klatsch und er spürt, wie sein Ohr juckt. Sein Kratzen bedeutet: „Das, was du sagst, interessiert mich nicht." Dann verraten Sie ihm ein intimes Detail. Er wagt es, sich mit einem Finger ins Ohr zu fahren. Da hätte er wohl das von Ihnen Gesagte lieber nicht gehört. Auch wenn sein Gesicht ausdruckslos bleibt, empfindet er sicherlich etwas, das er sorgfältig hinter einem Pokerface verbirgt: Ärger oder Langeweile. Aber seine Hände an den Ohren verraten ihn.

Gefallen Sie ihm? Sein Gesicht verrät es ...

Kommen wir noch einmal auf die Situation des vorhergehenden Kapitels zurück, als Sie in einer Cocktailbar jemandem begegneten, der Ihnen gefiel. Konzentrieren wir uns auf die schöne Frau. Sie fährt sich mit der Hand durch die Haare, als ihr Blick den Ihren kreuzt? Das bedeutet, dass Sie ihr gefallen. Sie wirft Ihnen einen Seitenblick zu, ohne aber Ihren Blick zu meiden? Das liegt daran, dass Sie sie einschüchtern, aber das heißt nicht, dass sie nicht interessiert ist. Im Gegenteil. Sie wagen es, auf Sie zuzugehen, und sie lächelt offen, mit erhöhten Wangenknochen und Lachfältchen um die Augen. Außerdem errötet sie leicht. Sie gefallen ihr wirklich. Sie hat begonnen, Sie direkter anzusehen. Das zeigt, dass Sie sich miteinander vertraut machen. Ihre Pupillen sind geweitet, ein Zeichen für Begierde oder Anziehung. Die schöne Frau streicht sich sanft von links nach rechts über die kleine Kuhle über ihren Lippen. Nach Turchet ist das der Ausdruck eines sinnlichen Wunsches. Ihr Körper gesteht Ihnen: „Ich habe Lust auf Sie." Dagegen wäre der Sinn ein ganz anderer, wenn dieses leichte Streicheln von oben nach unten stattfinden würde: „Die

Macht, die Sie über mich haben, nervt mich. Ich mag es nicht, wie Sie mit mir umgehen."[38] Die Grenze zwischen Wunsch und Verärgerung besteht manchmal nur in einer unterschiedlichen Richtung der Bewegung, die wir ausführen ...

Wenn Sie ihr anvertrauen, dass Sie viel reisen, und sie nachhaltig schluckt, bevor sie antwortet, hat sie gerade ihren Neid verraten. Sie träumt wahrscheinlich vom Reisen, hat aber nicht die Mittel oder traut sich nicht, allein zu verreisen. Eine gute Möglichkeit, herauszufinden, ob jemand Sie beneidet, besteht darin, zu beobachten, ob er schwer schluckt, nachdem er gehört hat, wie Sie etwas Positives von sich erzählen. So werden Sie herausfinden, wer Ihre wahren Freunde sind, die sich über Ihre Erfolge freuen und nicht über Ihr Pech.

Das Gesicht eines geliebten Wesens

Eine gute Möglichkeit, zu erfahren, ob jemand sich wirklich freut, Sie wiederzusehen, besteht darin, aufmerksam sein Gesicht zu beobachten, wenn er Sie erblickt. Um das zu tun, ist es vorzuziehen, diesen Menschen nicht an einem öffentlichen Ort zu treffen. Ideal ist es, an seiner Tür zu klopfen oder ihn bei sich zu empfangen. Richten Sie es so ein, dass die Beleuchtung ausreicht, um seine Augen gut sehen zu können. Wenn man jemanden liebt, ob als Partner oder als Freund, findet ein automatisches Zucken der Brauen statt. Im Bruchteil einer Sekunde heben und senken sich die Augenbrauen wieder, während das Gesicht von einem ehrlichen Lächeln erhellt wird, mit hochgezogenen Wangenknochen und betonten Falten um die Augen.

38 Philippe Turchet: *La synergologie*. Les Éditions de l'Homme, Montréal 2000, S. 177.

Ein untrügliches Zeichen für Interesse, das jedoch schwer auszumachen ist, ist die Erweiterung der Pupillen, die ein Feuchtwerden der Augen begleitet. Dieses Zeichen ist besser bei Personen zu erkennen, die blasse Augen haben. Deshalb sagen wir von Leuten mit dunklen Augen, dass sie geheimnisvoll seien: Man sieht die Veränderung ihrer Pupillen schlechter, weil sie sich mit der Farbe ihrer Iris vermischen.

Wenn eine Person Sie wirklich liebt, ist ihr Gesicht und ihr Blick belebt und sie schaut Sie direkt an. Ihre Augen wandern nicht überallhin. Ihr Blick ist sanft und freundlich. Ihr Mund und die Kieferpartie sind entspannt. Die untere Zahnreihe berührt die obere nicht. Dieser Gesichtsausdruck sagt aus, dass die Person offen ist, sich sicher fühlt und Ihnen vertraut. Natürlich sehen Sie am Gesicht dieser Person, ob sie genervt, gestresst oder beunruhigt ist. Das bedeutet nicht, dass sie Sie ablehnt. Sie müssen ihr nur die Möglichkeit geben, sich Ihnen anzuvertrauen, was sie zweifellos tun wird, weil sie Sie ja liebt und Ihnen vertraut.

Der Stimmcode: Die Stimme sagt mehr als Worte

Wer nicht die Wahrheit sagt, wenn er sie weiß,
macht sich zum Mittäter der Lügner.
CHARLES PÉGUY

Haben Sie schon einmal jemanden, der schmollte, gefragt, was er habe, um sich dann anhören zu dürfen: „Nichts"? Seine Stimmlage, die sich scharf von seiner Antwort abhob, verriet Ihnen die Wahrheit: Er war sauer. Es war nicht „nichts". Ich spreche in *Jetzt sag schon, was los ist!* darüber. Jemand, der schmollt, ist auch ein Lügner. Haben Sie schon einmal eine anziehende Person getroffen und sich von ihr abgewandt, sobald sie den Mund aufmachte? Stimmen und ihren Code sensibel wahrzunehmen ist eine neurobiologische Erfahrung. Wir reagieren innerlich auf Töne. Entweder wir mögen eine Stimme, einen Ton, oder nicht. Wir tolerieren oder tolerieren nicht.

Was eine Person tief in sich denkt und fühlt, kommt in ihrer Stimmlage zum Vorschein. Alles läuft über die Stimme: Resignation, Freude, Ungeduld ... Wenn Worte falsch klingen, sagt die Stimme, was richtig ist. Die Stimme ist das Barometer der Empfindungen. Die Stimmlage einer Person spricht laut über ihren Geisteszustand, ihre mentale Befindlichkeit und darüber, was sie Ihnen gegenüber empfindet.

Der Stimmcode ist universell. Schalten Sie den Fernseher ein und sehen Sie sich eine Soap in einer Fremdsprache an. Sie werden nichts von den gewechselten Worten verstehen, aber allein dank der Stimmlage werden Sie Bescheid wissen, welche Gefühle die Personen empfinden. Es ist leicht, den Ton einer Person zu dekodieren, die schmollt, traurig oder wütend ist und nicht bemüht, ihren Zustand zu verbergen. Wenn wir einwilligen, unsere Gefühle durch den Umweg über unsere Stimme zu zeigen, ist die Botschaft klar. Aber ein Hauch von Verärgerung, eine leichte Verlegenheit oder ein leichtes Angstgefühl bleiben unerkannt, wenn wir der Stimme nicht eine besondere Aufmerksamkeit zukommen lassen. Der Stimmcode ist der, der am ehesten unerkannt bleibt. Er wird durch die Worte, Gesten und Gesichtsausdrücke gut verschleiert. Man kann auch einen Unterton vortäuschen, um die anderen irrezuführen.

Nach diesem Kapitel werden Sie wissen, welche Gefühle sich hinter den verschiedenen Redegeschwindigkeiten, Lautstärken und Tonlagen der Stimme verbergen, außerdem werden Sie heraushören, welche Stimmarten unaufrichtig sein können. Statt sich nur auf die Worte Ihres Gegenübers zu berufen, werden Sie sich mehr auf den Tonfall verlassen. Wenn man zu Ihnen sagt: „Mir geht es gut", werden Sie in dem Moment, in dem Ihr Gesprächspartner es ausspricht, wissen, was diese konventionelle Formel wirklich sagen will, statt sich nur auf den Inhalt zu verlassen. So vermeiden Sie Enttäuschungen, denn Sie erkennen im Voraus durch die Stimmlage, ob gegebene Versprechen eingehalten werden.

Test: Hören Sie die Stimme hinter den Worten?

Erinnern Sie sich an Ihre letzte Unterhaltung und beantworten Sie auf einem Blatt Papier die folgenden Fragen mit „Ja", „Nein" oder „Ich weiß es nicht".

1. Ist die Stimmlage zu hoch?
2. Spricht die Person so leise, dass Sie sie kaum verstehen?
3. Zittert die Stimme?
4. Spricht sie zu schnell?
5. Vermittelt sie Ihnen den Eindruck, die Töne zu „missbrauchen", wenn sie anfängt zu reden oder während des Gesprächs?

6. Stirbt die Stimme am Ende der Sätze ab und macht die letzten Worte schwer zu verstehen?
7. Ist die Stimme stumpf, langweilig, leblos?
8. Ist die Stimme sanft und zuckersüß, während der Ton übertrieben oft zwischen hoch und tief wechselt?
9. Spricht die Person langsam und bedächtig und spricht sie jedes Wort übertrieben genau aus?
10. Verwendet sie eine verführerische Stimme, die Ihnen gekünstelt vorkommt?

Je öfter Sie „Ja“ oder „Nein“ geantwortet haben, desto besser sind Ihre Kenntnisse über die Bedeutung der Stimme. Je öfter Sie „Ich weiß es nicht“ geantwortet haben, desto weniger verlassen Sie sich auf die Stimme, um die Botschaft zu verstehen, und desto mehr vertrauen Sie den Worten.

Die Stimme und die Gefühle

„Wie geht's?“ Diese Frage hören wir Dutzende Male pro Woche. Die erwartete und immer wieder verwendete Antwort ist: „Gut.“ Diese Standardantwort kann je nach Stimmlage mehrere Bedeutungen haben. Niemand gibt seine Gefühle und seine Probleme ganz preis. Dank der Stimme können wir für gewöhnlich die Anspannung und die Gefühle erkennen. Wir können in 60 bis 65 Prozent aller Fälle erfolgreich den Gemütszustand einer Person identifizieren, sagt Lillian Glass. Dieser Prozentsatz erhöht sich, wenn wir dem anderen wirklich zuhören und aufmerksam auf seine Stimme achten. Hören Sie genau auf den Ton, mit dem Ihre Mitmenschen Ihnen sagen, dass „es gut geht“. Er ist das einzige Indiz, das Sie wirklich über ihr Wohlbefinden aufklärt, nicht ihre Worte. Die Formel „Danke, mir geht es gut“ erfüllt im Wesentlichen eine rhetorische Funktion, dient also dazu, den Kontakt mit dem anderen aufrechtzuerhalten.

Jede Unterhaltung besteht aus zwei Dialogsträngen: Der eine Strang beinhaltet die Worte, der andere die Tonlage. Manchmal sind die zwei im Einklang, aber oft passen sie nicht zusammen. Wir sind es gewöhnt, so emotional Versteck zu spielen. Wir lüften unsere Gefühle nicht, lassen sie aber anhand unserer Stimme durchscheinen. Statt zu sagen, was wir auf dem Herzen haben, seufzen wir, sprechen mit einer leisen sanften Stimme und antworten einsilbig. Damit, so hoffen wir, bringen wir unseren Gesprächspartner dazu, zu fragen: „Was ist denn los?“ Diese Frage gibt uns die Möglichkeit, auf die wir gewartet haben, uns zu öffnen und unser Herz auszuschütten. Ein solches Verhalten mag unaufrichtig und manipulierend erscheinen, ist aber das Produkt unserer Sozialisierung. Wir alle haben gelernt, unsere negativen Gefühle zu verschweigen, um die anderen nicht zu kränken. Wir benutzen also die Tonlage, um unsere Botschaften weiterzuleiten. Unsere Gesellschaft basiert auf kleinen kollektiven Lügen dieser Art, die ermöglichen, dass sie ohne zu viele Zwischenfälle und reibungslos funktioniert.

Ist das Gerät zur Stimmenanalyse zuverlässig?

Beim dritten Fernsehduell zwischen George W. Bush und Al Gore am 17. Oktober 2000 waren die Stimmen beider Präsidentschaftskandidaten Gegenstand einer Untersuchung durch Truster, ein Stimmenanalysegerät. Diese Software erkannte zahlreiche Übertreibungen und Verformungen, die an Lügen grenzten, in der Stimme der Politiker: 23 bei Bush, 57 bei Gore. Die Stimmenanalysegeräte entdecken, wenn die Stimmbänder leicht zittern, was für das Ohr unhörbar ist und bei Leuten auftritt, die sich in Stresssituationen befinden. Die Idee, die dahintersteckt, ist, dass der Lügner, der seine Worte kontrollieren muss, mehr Stress ausgesetzt ist als jemand, der die Wahrheit sagt. Genau wie der Lügendetektor ist diese Technik weit davon entfernt, zu 100 Prozent zuverlässig zu sein. „In ihrer ersten Version glaubte diese Software Bill Clinton, als er behauptete, keine sexuelle Beziehung zu Monica Lewinsky gehabt zu haben."[1] Der frühere Präsident stritt ab, gelogen zu haben, denn in seinen Augen war Oralsex keine sexuelle Beziehung. Seit dieser Affäre fälschen zahllose amerikanische Jugendliche Umfragen und behaupten, sexuell abstinent zu leben!

Mit leiser Stimme lügen

Die Veränderung der Lautstärke ist ein exzellenter Indikator für das Energieniveau einer Person in dem Moment, in dem sie spricht. Fühlt sie sich gut, hat sie ein hohes Energieniveau und umgekehrt. Die Veränderungen der Lautstärke reflektieren emotionale Veränderungen. Lernen Sie, darauf zu achten, denn sie unterrichten Sie über den Gefühlszustand Ihres Gesprächspartners.

Lauter sprechen

Die Stimme wird lauter, wenn Personen, die normalerweise nicht laut sprechen, sich aufregen, Angst haben oder wütend sind. So ziehen sie auch Aufmerksamkeit auf sich. Dagegen zeugt eine immer zu laute Stimme von viel verdrängter Wut und Feindseligkeit, meint Lillian Glass, die einen Zusammenhang zwischen Stimmmodellen und Persönlichkeiten etabliert hat.[39]

---

39 Isabelle Bourdial: *Les nouveaux détecteurs de mensonge: ils savent lire dans nos pensées!* Science & Vie, Nr. 1005, Juni 2001, S. 65.

Leiser sprechen

Leiser sprechen kann ein Mittel sein, ein bestimmtes Thema so wenig wie möglich zu betonen. So sprach eine Freundin, mit der ich in einem Restaurant saß, plötzlich leiser, als sie begann, von Sexualität zu reden. Sie fürchtete, die Aufmerksamkeit der anderen Leute auf sich zu ziehen, auch wenn sie weit weg waren und uns nicht hören konnten.

Was die Leute betrifft, die immer zu leise reden, so vermitteln sie den Eindruck, sanft und schüchtern zu sein. Ihre Persönlichkeit steht dem genau gegenüber, meint Lillian Glass, und sie sind gar nicht sanft und schüchtern. Eine sehr leise Stimme verpflichtet die anderen geradezu, näher zu kommen und ständig darum zu bitten, dass etwas wiederholt wird. Das gewährt den leise Sprechenden eine gewisse Kontrolle über die Menschen in ihrer Umgebung. Es kann sich auch um eine Manipulationsstrategie handeln. Dimitrius sagt, dass eine zu sanfte Stimme auch ein Hinweis auf eine Lüge sein kann, wenn sie in Verbindung mit anderen Symptomen auftritt.

Eine Person, die am Ende eines Satzes leiser wird, macht den Eindruck, als sei das, was sie sagt, nicht wichtig. Lillian Glass hat beobachtet, dass die Leute, die das, was sie anfangen, nicht zu Ende bringen, oft dazu neigen, beim Sprechen leiser zu werden.

Bei Personen, die normalerweise keine schwache Stimme haben, kann eine Verringerung der Sprechlautstärke ein Indiz für Traurigkeit, schlechte Laune oder den Rückzug aus dem Gespräch sein. Achten Sie darauf, ob ihre Schultern hängen und ihr Rücken krumm ist. Das sind Anzeichen für Traurigkeit oder eine vorübergehende Depression.

Ein Leiserwerden der Stimme kann in gewissen Fällen auch eine Lüge verraten. Als ob die Person sich unterbewusst sagen würde: „Wenn ich schon lüge, dann wenigstens ganz leise.“

Die Stimmhöhe

Eine hohe Stimme wird oft mit einer Lüge assoziiert. Auch eine besonders tiefe Stimme kann etwas zu verbergen haben.

Die hohe Stimme

Wenn sich die Muskeln des Kehlkopfs zusammenziehen, wird die Stimme höher. Unter dem Einfluss einer starken inneren Reaktion wird sie schriller: Im Allgemeinen sind das Aufregung, Frustration, Wut. Unsere Stimme wird auch schriller, wenn wir nervös sind oder wenn wir uns oder unserem Gegenüber nicht genug vertrauen. So ist es bei vielen Leuten, die Dinnerpartys geben. Achten Sie beim nächste Mal, wenn Sie zum Abendessen eingeladen sind, einmal auf die Stimme der Gastgeberin, wenn sie Sie auffordert, sich zu setzen. Mit den vielen Kochsendungen und Büchern über die Kunst des Kochens ist es zu einem großen Stress geworden, jemanden einzuladen. Die Gastgeber wollen, dass sich die Gäste wohl fühlen, aber ihre zu schrille Stimme verrät ihre Nervosität und beschämt unglücklicherweise die Geladenen.

Haben Sie die Filme *Pinocchio* und *Jakob der Lügner* gesehen? Sie beinhalten gute Beispiele von der Lüge provozierter, zu schriller Stimmen.

Pinocchio **und** ***Jakob der Lügner:*** **Ihre Stimmen lügen nicht!**

Auf dem Weg zur Schule trifft Pinocchio den Fuchs und seinen Gehilfen, die ihn dazu aufhetzen, die Schule zu schwänzen. Aber Jiminy, die Grille, die Pinocchio als Gewissen dient, erinnert ihn daran, dass er versprochen hat, zur Schule zu gehen. Pinocchio gelingt es, seinen falschen Freunden zu entkommen. Der Fuchs versucht ihn zu besänftigen und erzählt ihm mit zuckersüßer und sehr hoher Stimme

Lügengeschichten. Die Frustration, dass die Marionette weitergeht, macht seine Stimme so schrill. Er will ihn dem Direktor eines Marionettentheaters verkaufen. Es gelingt ihm, Pinocchio zu ködern, indem er ihm in den schillerndsten Farben von dem Theater erzählt. Während der Vorstellung hat Pinocchio großen Erfolg, wird aber danach in einen Vogelkäfig gesperrt. Glücklicherweise greift die blaue Fee ein, um ihn zu befreien. Aber vorher stellt sie ihm Fragen. Pinocchio lügt, um zu erklären, warum er nicht zur Schule gegangen ist. Zuerst sagt er die Wahrheit, aber dann reiht sich eine Lüge an die nächste. Er behauptet, Monster hätten ihn auf dem Schulweg abgefangen. Je mehr er lügt, desto länger wird seine Nase. Die Fee fragt ihn, ob das wahr sei, und er ruft mit gekünstelter Stimme: „Ich schwöre es dir. Ich habe nur die Wahrheit gesagt." Seine dünne Stimme wird am Ende des Satzes noch schriller, während seine Nase weiter wächst und an ihrem Ende ein Vogelnest erscheint. Die Angst macht seine Stimme so hoch. Die Fee antwortet weise: „So wächst eine Lüge und wächst immer weiter, bis sie so groß ist wie deine Nase." Als es so offensichtlich ist, fängt Pinocchio an zu weinen und erzählt dann die Wahrheit.

In Jakob der Lügner, dessen Handlung in einem polnischen Getto im zweiten Weltkrieg spielt, behauptet Jakob, er habe ein Radio, obwohl das von den Deutschen verboten wurde. Er verbreitet falsche Neuigkeiten, um seinen Miteinsassen, die die Gewalt und Brutalität der Deutschen ertragen müssen, Hoffnung zu geben. Er sammelt ein kleines Mädchen auf, das aus einem Zug zum KZ geflohen ist. Er belügt es, indem er ihm sagt, dass die Russen kommen würden. Das Kind fragt ihn: „Ist das wirklich wahr?" Jakob bemüht sich, ihm zu antworten: „Würde ich dich bei einer solchen Sache belügen?" Seine Stimme wird höher, während er diese neue Lüge ausspricht.

Die tiefe Stimme

Wenn eine Stimme tiefer wird, weist das auf ein Bedürfnis hin, sich aus dem Gespräch auszuklinken. Die tiefer werdende Stimme zeigt, dass derjenige von etwas redet, das ihn deprimiert, oder dass er seine Rührung bei diesem Thema verbergen will. Denken Sie an Nachrichtensprecher im Fernsehen: Ihre Stimme sinkt, wenn sie den Tod einer öffentlichen Person oder eine Katastrophe bekannt geben.

Der veränderte Redefluss

Der Redefluss ist die Anzahl an Wörtern, die eine Person in einer bestimmten Zeit hervorbringt. Eine Veränderung im Redefluss zeigt, dass eine Veränderung der emotionalen Reaktion der Person auf das aktuelle Gesprächsthema stattfindet. Wenn das der Fall ist, ist es wichtig, es wahrzunehmen und sich dem anzupassen. Walters hat eine eindeutige Veränderung im Redefluss von Personen festgestellt, die sich darauf vorbereiten, eine negative Information zu übermitteln, oder deren Worte die Wut ihres Gesprächspartners auf sich ziehen könnten.

Die Beschleunigung des Redeflusses

Oft hängt eine Beschleunigung des Redeflusses mit Wut, Nervosität, Ungeduld, Angst oder Aufregung zusammen. Denken Sie an ein Kind, das von einer Geburtstagsfeier heimkommt und ganz schnell redet, um alles erzählen zu können. Der Redefluss kann sich auch erhöhen, wenn das Gesagte mehrmals wiederholt wurde. Denken wir an den Jugendlichen, der sich wieder und wieder aufsagt, wie er seinem Vater erklären wird, wie er sein Auto beschädigt hat … Er erfindet eine Version, dann übt er diese, um die väterliche Wut so gering wie möglich zu halten. Auch die Angst, in flagranti beim Lügen erwischt zu werden, kann einen Lügner zum schneller Sprechen antreiben. Er beeilt sich mit seiner Erklärung, um fertig zu sein, bevor der andere wütend wird. In gewissen Fällen erzählt eine Person etwas und ertappt sich währenddessen beim Lügen, was zu einer Unstimmigkeit in ihrer Rede führt. Sie spricht schneller, um die Logik ihrer Erzählung wiederherzustellen. Je mehr sie lügt, desto schneller spricht sie. Eine Beschleunigung des Redeflusses kann also eine Lüge signalisieren. So ist es bei Pinocchio und Jakob dem Lügner. In diesem Fall versucht der, der schnell redet, die Wahrheit durch einen Wortschwall zu verdunkeln.

Die Verlangsamung des Redeflusses

Die Verlangsamung des Redeflusses hängt mit Traurigkeit, Desinteresse oder der Problematik, sich mit einem bestimmten Thema zu befassen, zusammen. Wenn Ihr Gesprächspartner normal redet und plötzlich langsamer wird, kann das bedeuten, dass er seine Worte abwägt oder einen Vorwand sucht, um nicht die Wahrheit zu sagen. Bei einigen Leuten kann die Verlangsamung des Redeflusses ein Symptom für eine Lüge sein. Es ist ein Indiz, das in diese Richtung geht, ohne jedoch einen Beweis darzustellen. Ihr Gesprächspartner kann andere Gründe haben, langsamer zu sprechen. Er versucht vielleicht etwas für ihn Wichtiges interessant zu machen. Er kann auch ängstlich, durcheinander, traurig oder müde sein. Beobachten Sie seinen Körper. Fragen Sie ihn, wenn Sie möchten, ob er müde oder traurig ist. Diese Frage ist vielleicht das, was er braucht, um sich zu öffnen.

Stimmtypen und ihre Bedeutungen

Studien zeigen, dass man aus stimmlichen und logischen Charakteristika Persönlichkeitszüge folgern kann. Darüber hinaus beeinflusst die

Art, wie jemand sich ausdrückt, die Wahrnehmung anderer von ihm erheblich.

Wenn man versucht, eine Stimme zu dekodieren, ist es äußerst wichtig, zwischen der normalen Stimme einer Person und einer vorübergehenden Veränderung zu unterscheiden. Das Erste sagt etwas über die Persönlichkeit aus, das Zweite spiegelt nur einen temporären Gemütszustand wider. Ein Choleriker hat fast immer eine laute und hohe Stimme. Das ist sein Stimmtyp, seine Konstante. Eine joviale Person, die sich ärgert, zeigt übergangslos eine beachtliche Veränderung der Stimmlage. Wir nehmen ihre Wut umso ernster, da sie uns nicht geläufig ist. Es handelt sich um eine Umleitung ihres üblichen Stimmcodes.

Die zitternde Stimme

Die Leute, deren Stimme zittert, sind oft wütend oder nervös, meint Lillian Glass. Sie geben viel auf die Meinung anderer und fürchten ständig, dass ihnen etwas zustoßen könnte. Einige Psychopharmaka, die die Stimmung regulieren, verändern die Stimmqualität und können Zittern verursachen. In dem Fall ist das Medikament der Auslöser, nicht die Emotion. Auch Lampenfieber kann bei Personen, die nicht daran gewöhnt sind, vor Publikum zu sprechen, ein Zittern der Stimme verursachen. Wenn jemand Ihnen versichert, dass alles gut gehen wird, aber seine Stimme zittert, verlassen Sie sich auf die Stimme. Die Person ist beunruhigt über das, was schief gehen könnte, will Sie aber nicht alarmieren. Bei jemandem, der sich bei einer Lüge ertappt, mit der er sich oder jemand anders schützen will, kann die Stimme zittern. Er ist nervös, weil er fürchtet, überrascht zu werden.

Sie fragen zum Beispiel Ihre Kollegin, wie es ihrem Sohn und ihrem Mann gehe. Sie antwortet: „Es geht ihnen gut“, mit einem leichten Zittern in der Stimme. Tatsächlich verhält es sich so, dass ihr Sohn sie gebeten hat, darüber Stillschweigen zu bewahren, dass er und seine Frau sich scheiden lassen werden. Sie kann Ihnen also nicht die Wahrheit sagen, ohne ihn zu verraten. Aber sie fühlt sich beim Lügen unwohl, denn Aufrichtigkeit gehört zu ihren höchsten Werten. Dennoch steht die familiäre Solidarität darüber, daher entscheidet sie sich dafür, ihre Kollegin anzulügen.

Die absichtlich verführerische Stimme

Wenn eine Person sexuell erregt ist, wird ihre Stimme tiefer. Achten Sie beim nächsten Mal, wenn Sie Sex haben, darauf! Das ist physiologisch bedingt. Verführer ihrerseits senken absichtlich ihre Stimme, um Begierde zu zeigen und zu wecken. Wenn jemand mit einer sexy, atemlosen und verführerischen Stimme mit Ihnen redet, können Sie davon ausgehen, dass er ein Spiel spielt. Er will seine Anziehungskraft testen und benutzt die anderen, um sich aufzuwerten. Es kann für Sie sehr enttäuschend sein, mitzubekommen, wie derjenige sich so auch an eine neu hinzukommende Person richtet, wenn Sie dachten, dass er sich wirklich für Sie interessieren würde. Menschen, die so sprechen, sollte man nicht ernst nehmen. Tatsächlich, meint Susan Hayden Elgin, Professorin für Linguistik an der Universität San Diego, sind Menschen mit verführerischer Stimme weder zuverlässig noch aufrichtig. Sie verwenden ihre Marilyn-Monroe- oder Clark-Gable-Stimme, um andere zu manipulieren und ihre Ziele zu erreichen. Sie können den Trick anwenden, ihnen nicht die Aufmerksamkeit zukommen zu lassen, die sie sich wünschen. Sie werden schnell erleben, wie sie zu ihrer normalen, weniger gekünstelten Stimme zurückkehren oder sich auf die Jagd nach einer leichteren Beute begeben.

Die zuckersüße Stimme

Ebenso wie die verführerischen Stimmen sind auch zuckersüße Stimmen unecht. Solche Stimmen sind nicht angeboren. Man lernt, sie zu benutzen, weil man dann bekommt, was man will. Sie können ganz einfach keiner zuckersüßen Stimme vertrauen, weil sie keine „echte" Stimme ist. Es ist nicht normal, immer zufrieden, freundlich und süßlich zu sein. Normale Menschen haben eine ganze Palette von Gefühlen, die durch die Stimme reflektiert werden. Wenn jemand immer in der gleichen Tonlage spricht, bemüht er sich, seine Stimme derart zu verstellen. Er ist nicht aufrichtig.

Wenn jemand plötzlich mit zuckersüßer Stimme redet und das nicht seine übliche Stimme ist, können Sie davon ausgehen, dass er Sie um einen Gefallen bitten will. Viele Leute nehmen eine solche Stimme an, um ihre Mitmenschen um den Finger zu wickeln und auf ihre Seite zu ziehen. Lassen Sie sich nicht an der Nase herumführen!

Eine zuckersüße Lüge

Chrystelle lebt seit fünf Jahren mit Joachim zusammen. Zu Beginn ihrer Beziehung, als sie beide für dasselbe Unternehmen in Lyon arbeiteten, fand sie, dass er zu unabhängig, gefühlsmäßig nicht genug eingebunden war. In Paris erhielt sie anlässlich eines von ihr organisierten Kongresses von jedem Glückwünsche zum Erfolg der Veranstaltung. Aber zu ihrer großen Enttäuschung kam kein Kompliment von Joachim. Auf einmal hatte sie eine Idee. Als sie zwei Tage später wieder im Büro war, ließ sie sich einen großen Blumenstrauß mit exotischen Blumen und einer Karte schicken, auf der stand: „Glückwünsche an eine außergewöhnliche, charmante und hübsche Organisatorin. Gezeichnet: ein Bewunderer." Sie ging in Joachims Büro, um sich warmherzig zu bedanken. Er gestand, dass er nicht wusste, worum es ging. Chrystelle lächelte ihn an und murmelte zuckersüß: „Sieh mal, Joachim, wer sonst würde mir so schöne Blumen mit einer so schönen Botschaft schicken?" Neugierig geworden ging er mit in ihr Büro und sah sich die Blumen und die Karte an. Er gab offenherzig zu, dass das Päckchen nicht von ihm stammte. „Oh, ich habe also einen heimlichen Verehrer", säuselte

Chrystelle, „ich hätte mir so gewünscht, dass es von dir ist!" Ihre Stimme unternahm einige betonte Modulationen und wurde süßlich. Zwei Wochen später erhielt sie den so begehrten Strauß: zwei Dutzend rote Rosen mit einer lieben handgeschriebenen Botschaft von ihrem Joachim, der bis heute nichts von Chrystelles Manöver weiß, mit dem sie sein Herz gewann und Blumen geschenkt bekam.

Die frenetische Stimme

Dieser Stimmtyp tritt auch häufig bei psychisch kranken Personen auf. Im Krankheitszustand neigt ein manisch-depressiver Mensch dazu, von etwas begeistert und sehr dynamisch zu sein. Bevor Sie in die Projekte einer vor Enthusiasmus überschwappenden Person einsteigen, sollten Sie vorsichtig überprüfen, ob sie psychisch krank ist. Sie werden so Enttäuschungen vermeiden.Manchmal fühlt man die Aufregung in der Stimme geschwätziger Menschen, die uns nicht zu Wort kommen lassen. Ihr Mund erinnert an eine Kanone, die unaufhörlich mit Worten schießt. Das Leben dieser Menschen scheint wie eine Achterbahn der Gefühle. Wenn sie von ihren Höhen und Tiefen erzählen, haben wir den Eindruck, dass ihr Leben ein Roman voller schicksalhafter Ereignisse ist. Sie lieben es, im Mittelpunkt zu stehen, und ihre Stimme dient ihnen dazu, Aufmerksamkeit zu erhaschen und zu behalten. Lillian Glass und andere Forscher, die die Verbindung zwischen Stimme und Gefühl erforschten, haben entdeckt, dass diejenigen, die schnell und frenetisch reden, auf diese Art verdrängte Wut manifestieren. Daher können sie leicht in Konflikte mit anderen geraten und schnell vor Wut explodieren. Ihre Tonlage warnt Sie vor …

Die trockene Stimme

Manchmal versuchen wir zu Leuten freundlich zu sein, die uns ärgern oder stören, aber unsere trockene Stimme verrät, dass wir es nicht so meinen. Wenn jemand, der normalerweise eine fröhliche Stimme hat, trocken antwortet, können wir sicher sein, ihn gestört zu haben. Diese Tonlage, die bei vielen Leuten gelegentlich auftritt, zeigt Verärgerung, Frustration oder Ungeduld. Personen, die immer diesen Ton an sich haben, enthüllen damit ein trockenes Herz. Sie müssen in ihrer inneren Wüste viel leiden.

Der heuchlerische Bettler

Im Viertel Côte-des-Neiges in Montréal bettelt oft ein magerer Mann mit grauen Haaren. Auf dem Boden sitzend mit der geöffneten Handfläche als Zeichen der Unterwerfung und Aufrichtigkeit, wiederholt er trocken: „Ein bisschen Geld …" Seine Tonlage passt nicht zu seiner unterwürfigen Haltung, die aufrichtig wirken soll. Manchmal benimmt er sich wie ein leicht Geisteskranker. Ich habe ihm schon Schokolade gegeben und er sagte in trockenem Tonfall: „Ich will nicht deinen Kram, ich will Geld." Später habe ich ihn im Viertel Plateau Mont-Royal wiedergesehen. Er hatte nicht mehr seine bemitleidenswerte Art an sich, die die Passanten aufmerksam machen sollte. Er hatte einen Discman dabei und lief mit arrogant erhobenem Kinn die Straße entlang. Ich sah, wie er vor einem Auto über die Straße ging und auf die Erde spuckte. In diesem Viertel wirkte er wie ein arroganter Taugenichts. In dem anderen gab er sich arm, um die Passanten zu rühren, die sich ein gutes Gewissen verschaffen wollten. Aber seine trockene Stimme verriet seine wahre Persönlichkeit.

Die stumpfe Stimme

Menschen, deren Stimme immer stumpf klingt, werden als apathische, distanzierte Wesen angesehen, die sich nicht um andere kümmern und ihre Gefühle verdrängen. Oft sind sie nicht mit ihrer eigenen Gefühlswelt in Kontakt, was erklärt, warum ihre Stimme immer gleich klingt. Sie halten eine stimmliche und emotionale Distanz zu ihrer Umgebung ein. Depressive Menschen oder Menschen, die ständig eine tiefe Traurigkeit in sich spüren, haben so eine Stimme. Ihr desinteressierter, lebloser Ton hält die anderen auf Abstand. Normalerweise stellt eine Unterhaltung eine Situation dar, in der man gibt und nimmt. Es kann frustrierend sein, sich mit jemandem, der so eine stumpfe Stimme hat, zu unterhalten. Danach fühlt man sich wie ausgetrocknet – vor allem, wenn man versucht, die mangelnde Vitalität des anderen durch ein Übermaß an Enthusiasmus auszugleichen. Wenn Sie mit jemandem sprechen, der normalerweise eine lebhafte Stimme besitzt und der plötzlich gelangweilt und monoton spricht, können Sie sicher sein, dass etwas nicht in Ordnung ist. Vielleicht haben Sie etwas gesagt, das ihn deprimiert? Oder er ist wütend und es liegt in seinem Temperament, seine Wut mit dieser matten Stimme auszudrücken, anstatt lauter zu werden und eine schrille Tonlage anzuschlagen, wie es die meisten Leute tun. Es gibt zu viele Menschen, die nicht fähig sind, zu sagen, was sie wirklich empfinden, und die sich hinter einer stumpfen Stimme verstecken. Statt ihre Simulation zu ermutigen, sollten Sie ihnen aus der Verlegenheit helfen und sie fragen, ob Sie etwas Verletzendes oder Verärgerndes gesagt haben.

Die mürrische junge Lügnerin

Im Sommer 1998 kümmerte ich mich um drei junge Waisenmädchen, während ich auch die Arbeiten meiner Studenten korrigierte. Am Anfang kochte und schmiss ich den Haushalt allein, außerdem ging ich mit dem Hund Gassi. Schnell wurde mir klar, dass keine Zeit mehr für die Korrektur der Arbeiten blieb. So bat ich also die Mädchen, mir zur Hand zu gehen. Eines Abends, als ich mich zu Tisch setzen wollte, fragte ich die Älteste, die 14 Jahre alt war, ob sie den Tisch abgewischt hätte. Sie erwiderte stumpf und desinteressiert „Ja“. Ich sagte mir, dass sie eine schwere Teenie-Phase durchmachte, bekam aber doch Zweifel. Ich strich mit dem Finger über den Tisch und er wurde staubig. Ich zeigte ihr meinen schmutzigen Finger, ohne etwas dazu zu sagen. Nachdem es bewiesen war, konnte sie mir nicht widersprechen. Sie nahm einen Lappen und wischte vor sich hin schimpfend den Tisch. Dann schmollte sie den gesamten Abend. Ich begriff, dass sie darüber wütend war, mir helfen zu müssen. Ihre trübe Stimme und ihr offensives Schmollen zeigten ihre zurückgehaltene Wut. Dann vertraute ich ihr nicht mehr und prüfte systematisch alles nach, was ihr natürlich ganz und gar nicht passte. Könnte ich noch einmal von vorn beginnen, würde ich ihr vertrauen, denn Misstrauen zerstört Beziehungen.

Erinnern Sie sich an die Regeln von Walters

Nicht nur Gefühle wirken sich auf die Stimme aus. Zahnschmerzen, Taubheit, die Parkinson-Krankheit, Dialekte, Akzente, die Kultur und Drogen können die Stimme verändern. Nicht zu vergessen Begierde und Müdigkeit ...

Die Interpretation des Stimmcodes muss das normale Verhalten einer Person berücksichtigen. Wut beeinflusst die Stimme eines jeden Einzelnen auf unterschiedliche Weise. Eine ruhige und phlegmatische Person könnte zum Beispiel unter dem Einfluss der Wut noch ruhiger werden. Sie wird nicht unbedingt lauter sprechen. Nur ihr geräuschvoller und schneller Atem wird darauf hinweisen, dass sie wütend ist.

Der Kontext ist sehr wichtig, um die Intension einer bestimmten Stimme zu dechiffrieren. Die Bedeutung einer stimmlichen Eigenheit kann in einer gewissen Umgebung kleiner werden, ja sogar verschwinden. Wenn eine Person abends laut spricht, bedeutet das etwas anderes, als wenn sie in einer Bibliothek laut spricht. In der einen Situation verhält sie sich in lauter Umgebung normal, wohingegen sie in der anderen Situation mangelnden Respekt zeigt und keine Rücksicht auf andere nimmt (es sei denn, sie warnt die Leute vor einem Feuer!). Außerdem muss man die Umgebung berücksichtigen, in der eine Unterhaltung stattfindet. Ein Gerichtshof ist ein Ort, der die Mehrheit der Leute einschüchtert. An gewissen Orten wie Krankenhäusern, Gefängnissen und auf Beerdigungen fühlen sich die meisten Leute unwohl. Ihre Tonlage wird mehr Auskunft über ihr Unwohlsein geben als ihre Persönlichkeit oder ihre Gefühle. In nichtfamiliärer Umgebung sind die Menschen meist beschämt und ihr Ton spiegelt das wider.

Um das wirkliche Gefühl einer Person zu bestimmen, muss man ihre Stimme mit ihren Worten, Gesten und Gesichtsausdrücken vergleichen. Sind alle Codes synchron oder passt etwas nicht zusammen? Ihr Kind verspricht Ihnen zum Beispiel, sein Zimmer aufzuräumen, wenn Sie ihm dafür erlauben, eine halbe Stunde länger am Computer zu spielen. Seine Stimme wird zuckersüß, sein großes Lächeln wirkt künstlich. Werden Sie ihm glauben? Es hat den Verführungsmodus eingeschaltet, um zu bekommen, was es will. Schlagen Sie ihm vor, zehn Minuten lang aufzuräumen, mit Stoppuhr, bevor es weiterspielt. So behalten Sie die Kontrolle!

Abweichungen von der stimmlichen Konstanz geben Hinweise, die uns helfen, Leute zu verstehen. Dieses Verständnis versetzt uns in eine bessere Position, um die zu unterstützen, die unsere Hilfe brauchen – zum Beispiel, wenn jemand behauptet, dass es ihm gut geht, obwohl er deprimiert ist. Wir können die Wahrheit aus falschen Worten heraushören, wenn wir wirklich der Stimme zuhören, statt nur auf die Worte zu achten.

Der Stimmcode des Lügners

Der normale Lügner spricht schnell, mit höherer Stimme als gewöhnlich. Aber Gelegenheitslügner, die sich schuldig fühlen, lügen lieber leise, meint Lillian Glass. Der Lügner, der sich nicht aufs Lügen vorbereitet hat, spricht langsamer, denn er sucht die richtigen Worte. Manche rationalen Lügner schlagen einen stumpfen Ton an. Sie sprechen methodisch, denn sie denken darüber nach, was sie sagen werden. Sie müssen etwas Passendes erfinden, das sich auf die Wahrheit stützt. Sie schmücken ein Szenario aus und das beschäftigt ihr Gehirn, nicht ihre Emotionen. Andere Lügner sind nervöser. Sie fürchten, ertappt zu werden, und stehen deshalb sichtlich unter Stress. Ihre Stimme ist schwungvoll und schwappt vor Vitalität über. Sie sprechen vielleicht schneller, um sich von der Lüge zu befreien und ihren Gesprächspartner abzulenken. Die Gewieftesten ertränken die Lüge in einem Meer aus aufrichtigen und nachprüfbaren Worten. Ihre Stimme kann höher sein, wenn sie nicht ehrlich sind. Bei dieser Masse an Möglichkeiten genügt es nicht, nur den Stimmcode zu entschlüsseln, um eine Lüge zu entlarven. Die Stimme gibt jedoch wichtige Hinweise. Zusammen mit anderen Lügensymptomen können Veränderungen der Stimme sich als sehr bedeutend erweisen und eine mangelnde Übereinstimmung mit den Worten enthüllen. Machen Sie also die Ohren weit auf und verlängern Sie Ihre Antennen!

Verbaler Code: Wie man zwischen den Zeilen liest

Das Wort wurde dem Menschen gegeben, um seine Gedanken zu verschleiern.

TALLEYRAND

Wenn wir dem anderen wirklich zuhören und ihn lange genug reden lassen, sagt er uns alles, was wir wissen müssen, und damit meine ich *alles*. Wenn wir lange genug reden, rutschen uns immer wichtige Informationen heraus. Verbale Ausflüchte können Aufschluss über den psychischen Zustand einer Person sowie über ihre Aufrichtigkeit geben. Aufgrund all seiner Anstrengungen, die der Lügner unternimmt, um seine Worte zu kontrollieren, gibt er nicht viele verbale Hinweise auf eine Lüge – aber die wenigen, die kommen, sind extrem wichtig. Gut zuhören, die richtigen Fragen stellen und zwischen den Zeilen lesen ist eine erlernbare Kunst.

Test: Können Sie zwischen den Zeilen lesen?

Denken Sie an ein kürzlich geführtes Gespräch mit jemandem, bei dem Sie nicht sicher sind, ob Sie ihm vertrauen können. Beantworten Sie auf einem Blatt Papier mit „Ja“, „Nein“ oder „Ich weiß es nicht“ die folgenden Fragen.

1. Macht diese Person unhöfliche Bemerkungen und sagt dann „War nur ein Witz ...“, nachdem sie von Ihrer negativen Reaktion Kenntnis genommen hat?
2. Unterbricht sie Sie oft?
3. Ist sie eine Plaudertasche?

4. Tratscht sie gern über andere?
5. Sagt sie Ihnen mehr, als Sie eigentlich wissen wollen?
6. Ist sie indirekt oder verwendet Ausflüchte, schleicht sie wie die Katze um den heißen Brei und lässt sich viel Zeit, bevor sie zum Kern der Sache vordringt?
7. Antwortet sie oft „Ich weiß es nicht", wenn Sie ihr eine Frage stellen?
8. Ertappen Sie sie immer dabei, wie sie lügt oder übertreibt?
9. Weicht sie gern vom Thema ab?
10. Stottert sie?
11. Murmelt sie?
12. Sind ihre Sätze abgehackt und kann man ihren Gedanken schwer folgen?
13. Zögert sie und wägt ihre Worte sorgfältig ab, bevor sie etwas sagt?
14. Fehlen ihr die Worte, fällt es ihr schwer, zu antworten? Ist es schwer, ihr die Worte zu entlocken?
15. Lacht sie nervös?

Je öfter Sie mit „Ja" oder „Nein" geantwortet haben, desto besser wissen Sie über den Sinn hinter den Worten Bescheid, wenn Sie sich mit jemandem unterhalten. Je öfter Sie mit „Ich weiß es nicht" geantwortet haben, desto weniger beherrschen Sie das Zwischen-den-Zeilen-Lesen.

Nach diesem Kapitel werden Sie in der Lage sein, mehrere verbale Verhaltensweisen korrekt zu identifizieren, die mit mangelnder Aufrichtigkeit oder mit einer Lüge in Verbindung stehen können. Sie werden wissen, wie man zwischen den Zeilen liest, wenn Sie sich mit Menschen in Ihrem Umfeld unterhalten.

Verbale Fehlfunktionen, die mit der Lüge zusammenhängen

Da es psychologisch unmöglich ist, an zwei Sachen gleichzeitig zu denken, fragen Sie sich, woran ein Lügner denken muss. Zuerst einmal muss er sich an die Wahrheit erinnern. Dann muss er an die Lüge denken, die er erzählen will. Drittens muss er sich an die vorhergehenden Lügen erinnern. Er muss sich versichern, dass die neue Lüge zu den früheren passt. Dann muss er eine leicht zu merkende Lüge erfinden. Außerdem muss er seinen Stress verbergen und die verbalen und nonverbalen Zeichen, die ihn verraten könnten, kontrollieren. Schließlich muss er sichergehen, dass man ihm glaubt, um negative Konsequenzen zu vermeiden, die es nach sich zöge, wenn er beim Lügen erwischt würde. Unter diesen Umständen ist es nicht erstaunlich, dass seine Gedanken beeinflusst werden! Verbale Fehlfunktionen weisen auf mentale Verwirrung und mangelnde Klarheit hin, was Anzeichen für eine Lüge sein können. Lügner stottern, zögern, murmeln mehr als Personen, die die Wahrheit sagen. Sie neigen mehr dazu, sich zu versprechen, Worte zu vergessen, sich zu wiederholen und nervös zu lachen. Das bedeutet nicht, dass jede verbale Fehlfunktion eine Lüge offenbart, aber dass man sie – neben anderen möglichen Ursachen – in Betracht ziehen sollte.

Stottern

Im Allgemeinen stottern wir, wenn wir anfangen zu reden, ohne bereits entschieden zu haben, was wir sagen werden. Stottern ist eine Art Hilfestellung unseres Mechanismus, der uns davor schützen will, das Gesicht zu verlieren. Der Lügner stottert, wenn die Wahrheit aus seinem Mund kommen will und er sie im letzten Moment zurückhalten kann.

Personen, die keine Stotterer sind, fangen an zu stammeln, wenn sie zu schnell reden wollen, weil ihnen viele Gedanken durch den

Kopf gehen, die sie alle gleichzeitig ausdrücken möchten. Im Fall des Lügners kann es sich um zwei Lügen handeln, die sich aufdrängen, bevor er eine Entscheidung treffen konnte. Das passiert, wenn sich die Person in die Ecke gedrängt fühlt, weil sie nicht die Zeit hatte, sich eine Entschuldigung zurechtzulegen – zum Beispiel, um zu erklären, warum sie das, was ihr aufgetragen wurde, nicht gemacht hat.

Die Pause und das Zögern

Es ist normal, Pausen einzulegen, wenn man spricht, es sei denn, man redet wie ein Wasserfall. Pausen ermöglichen dem Sprechenden, Luft zu holen, und dem Gesprächspartner, das Gesagte besser aufzunehmen. Sehr lange Pausen und regelmäßiges Zögern zeigen jedoch, dass die Antwort nicht vorbereitet wurde. Wenn die Person lügt, improvisiert sie ganz sicher. Wenn wir über etwas noch nie nachgedacht haben, ist es normal, dass wir zögern, denn wir denken erst während des Redens darüber nach.

Walters hat beobachtet, dass Lügner durchschnittlich mehr Zeit für eine Antwort brauchen als Personen, die nicht lügen. Aber das hängt auch vom normalen Verhalten desjenigen ab. Diese Beobachtung lässt sich nicht auf Personen übertragen, die oft zögern und nicht die Gabe der Eloquenz besitzen. Wenn eine Person eine Pause macht, bevor sie antwortet, können Sie die Hypothese aufstellen, dass sie überlegt, ob sie lügen soll, oder versucht der Antwort aus dem Weg zu gehen. In diesem Fall wird sie ausweichend antworten. „Auch das Alkoholtrinken verringert die Zeit, die jemand braucht, um eine Frage zu beantworten, wie es eine kürzlich durchgeführte Studie der Wissenschaftler von Duke zeigt.“[40]

Personen, die ihre Sätze mit „hm“ und „em“ übersäen, sind sehr bemüht, Ordnung in ihre Gedanken zu bringen, und in manchen Fäl-

40 *Es scheint, dass sogar kleine Mengen Alkohol auf das Gehirn einwirken.* La Presse, 10. November 2002.

len versuchen sie Zeit für die Antwort zu gewinnen. Diese häufig gebrauchten Äußerungen sind armselige Hinweise auf eine Lüge. Auf sie sollte man sich nicht verlassen.

Jago, der so genannte „hônnete homme“[41]

Pausen und Stille können auch falsche Interpretationen begünstigen. In dem Shakespeare-Drama führt Jago Othello auf diese Spur. Othello ist Maure und Befehlshaber über die venezianische Armee. Sein Berater Jago, der als „hônnete homme“ angesehen wird, manipuliert jeden und lügt, um seine Ziele zu erreichen. Er ist klug genug, um die Vorteile des Vertrauens zu erkennen, und macht es sich zu einem Werkzeug, um seine Pläne zu verwirklichen. Jago ist eifersüchtig auf Cassio, der zum Leutnant ernannt wird, obwohl er selbst diesen Posten besetzen wollte. Er sät in Othello Zweifel und sagt, dass seine Frau Desdemona ihn mit Cassio betrüge. Er vermeidet es, Cassio direkt zu beschuldigen, und sagt nie eindeutig, dass Desdemona einen Geliebten habe. Jago wendet die Stille und die Taktik des simulierten Zögerns an, um Othello dazu zu bringen, ihm zu glauben. Ebenso verhält er sich ruhig, nachdem er Cassio betrunken gemacht und ihn in eine Prügelei verwickelt hat. Er veranlasst den Mauren, zu glauben, dass er seinen „Freund“ schützen wolle und dass die Wahrheit zu grauenvoll sei, um ans Licht zu kommen. Als Desdemona gegen Othellos Beschuldigungen protestiert, kann sie ihn nicht von ihrer Ehrlichkeit überzeugen. Für Othello sind Jagos Zögern und seine stockende Rede ein zuverlässigeres Zeichen der Aufrichtigkeit als der Protest seiner Frau. Jago lügt nicht nur, er verwendet auch Pausen und Zögern in seiner Rede, um die anderen irrezuführen.

41 Der „hônnete homme“ war das Idealbild des Menschen im Frankreich des 17. Jahrhunderts: ein loyaler Mann von Welt mit Manieren, Esprit und Bildung. (Anm. d. Übers.).

Das Auslassen von Wörtern

Sie haben sicher schon einmal gehört, wie jemand hier und da ein Wort wegließ, als ob er ein verbotenes Wort nicht sagen wollte. Zum Beispiel: „Nein, ich habe nicht ... nachdem er weg war ..." Es kann sein, dass eine Person Wörter überspringt oder Sätze nicht zu Ende bringt, oder es nicht wagt, abscheuliche Wörter auszusprechen, für die sie sich schämt. Sie sagt die Wahrheit, aber nicht „die ganze Wahrheit". Sie umgeht die Wörter, für die sie verantwortlich gemacht werden könnte. Dieses Vorgehen geschieht meist unterbewusst und ist leicht ausfindig zu machen.

Die Zensur eines Satzes äußert sich im Auslassen, wobei die Person, statt ein Wort zu überspringen, es halb ausspricht, innehält und mit einem besser gewählten Wort fortfährt. Zum Beispiel: „Ich schwatz... redete laut." Oder: „Ich habe ihm befoh... ihn gebeten, das für mich zu erledigen." Die Person wird sich mitten im Satz darüber bewusst, dass ihre Wortwahl nicht sehr vorteilhaft für sie ist, und beschließt, einen milderen, abgeschwächten, „politisch korrekten" Begriff zu verwenden.

Die Wiederholung von Wörtern

Stress, Ärger und Unruhe können augenblicklich unsere Fähigkeit, klar zu denken, beeinflussen. Hatten Sie ein großes Problem, das Sie so beschäftigt, dass Sie an nichts anderes mehr denken können? In diesem Fall waren Ihre Gedanken sehr fixiert. Und wenn ein Bekannter in der Nähe war, haben Sie ihm wahrscheinlich nur von dem Thema erzählt, das Ihnen ständig durch den Kopf ging. Wenn jemand so fixiert ist, neigt er dazu, sich zu wiederholen. Natürlich ist es nicht das Wiederholen allein, das eine Lüge beweist. Dennoch sollten Sie verstärkt auf andere eventuelle Lügensymptome achten. Wenn Sie Ihren jugendlichen Sohn, der nach Rauch stinkt, zum Beispiel fragen, ob er geraucht habe, und er antwortet: „Ich habe nicht Zigarette geraucht

… nein … nicht geraucht“, können Sie annehmen, dass er Zigarren oder sonst etwas geraucht hat … Vielleicht hat er ja auch geraucht, ohne zu inhalieren, und sieht das nicht als Rauchen an. Dieses Beispiel ist nicht meiner Vorstellungskraft entsprungen!

Die unlogische Argumentation

Die unlogische Argumentation kommt bei der Person vor, die in dem Augenblick, in dem sie redet, von Gedanken überwältigt wird, die sie für sich behalten will. Es kann sein, dass sie gleichzeitig versucht, die aktuelle Situation einzuschätzen, an das zu denken, was sie davor gesagt hat, und an die Art, wie sie jetzt weiter vorgehen soll – all das zur gleichen Zeit!

Kurz: Es ist gut möglich, dass jemand, der unlogisch argumentiert, dabei ist, sich in eine Lüge zu verstricken. Nach Walters handelt es sich sehr wahrscheinlich um eine Lüge, wenn jemand auf eine direkte Frage unlogisch antwortet. Sie sollten sehr darauf achten und den Vorfall im Gedächtnis behalten. Natürlich können wir alle Schwierigkeiten damit haben, gut zu argumentieren, wenn wir müde sind oder gewisse Medikamente oder Drogen eingenommen haben. Wie andere verbale und nonverbale Symptome auch ist es kein absoluter Hinweis auf eine Lüge, wenn jemand unlogisch argumentiert.

Das nervöse Lachen

Mit nervösem Lachen kann man Angst, die man bei einem Gespräch verspürt, überspielen. So können wir von unserem Stress ablenken, wenn der Gesprächspartner sich auf gefährliches Terrain begibt, auf dem wir uns unwohl fühlen. Bei den ersten Rendezvous zwischen Personen, die sich gegenseitig gefallen, wird häufig nervös gelacht. Es kann einem auch Zeit verschaffen, um sich eine Antwort zurechtzulegen, ähnlich wie das „äh“! Wenn Ihr Gegenüber nervös lacht, kann das bedeuten, dass Sie ein heikles oder kritisches Thema angeschnitten haben. Die Person möchte sich davor drücken. In diesem Fall kann das nervöse Lachen auf ein Ausweichen und eventuell auch eine Lüge hinweisen. Man muss, ich kann das nicht oft genug wiederholen, auch die anderen Codes in Betracht ziehen und prüfen, ob sie ebenfalls in Richtung Lüge deuten. Behalten Sie das Prinzip des großen Blickwinkels im Hinterkopf, das besagt, dass man nicht seine ganze Aufmerksamkeit auf ein einzelnes Element richten, sondern seinen Blick (und seine Ohren) öffnen soll, um alle kommunikativen Codes mit einzubeziehen.

Lernen Sie, die richtigen Fragen zu stellen

Wenn Sie Fragen stellen müssen, um eine Entscheidung zu fällen, und wenn Sie sich auf die Antworten verlassen können müssen, ist es wichtig, dass sie sich gut auf das Treffen vorbereiten. Situationsbeispiele dieser Art sind etwa: Sie wollen einen Babysitter einstellen und müssen die erzieherischen Werte der Bewerberin kennen lernen; Sie wollen eine Familie gründen und müssen wissen, ob Ihr Geliebter denselben Wunsch hat; Sie verdächtigen Ihre Angestellte, Geld aus der Kasse gestohlen zu haben, und wollen herausfinden, ob das stimmt. Wir neigen dazu, anderen unsere Interpretationen zu unterstellen, weil wir uns nicht trauen, sie um Erklärungen zu bitten. Das schafft Probleme und führt zu Enttäuschungen. Zu oft hören wir das, was wir hören wollen, statt wirklich auf das zu hören, was der andere sagt. „Das bes-te Mittel, sich daran zu hindern, Vermutungen anzustellen, ist, Fragen zu stellen“, bemerkt Don Miguel Ruiz.[42]

---

42 Miguel Ruiz: *Les quatre accords toltèques: la voie de la liberté*. Condé-sur-Noireau, Jouvence, 1997, S. 71.

Bereiten Sie sich vor!

Wenn Sie etwas fragen wollen und die Antwort für Sie schon feststeht, überlassen Sie die Wahl des Kontextes nicht dem Zufall. Zeit und Ort des Treffens sind wichtig. Vergewissern Sie sich, dass der Zeitpunkt für Sie und den anderen passend ist. Wie wollen Sie sich konzentrieren, wenn andere Sorgen Ihnen im Kopf herumgehen oder Ihr Gesprächspartner einen volleren Terminplan als ein Minister hat? Wie ist die Gemütslage Ihres Gesprächspartners? Starke Emotionen können sich auf seine Antworten auswirken. Wenn Sie eine Person befragen wollen, die zum Beispiel wütend ist oder Alkohol getrunken hat, berücksichtigen Sie zumindest, dass ihr Zustand ihre Worte beeinflusst. Viele Menschen glauben, dass Personen im Rauschzustand offen sagen, was sie auf dem Herzen haben. Das stimmt manchmal, aber nicht immer. Sie bereuen das oft im Nachhinein, weil sie sehr übertrieben haben.

Was den Treffpunkt angeht, würden Sie das Territorium des anderen wählen, ihn zu sich einladen oder sich für einen neutralen Ort entscheiden? Jede Wahl hat Vor- und Nachteile und Konsequenzen. Haben Sie schon einmal bemerkt, dass Chefs ihre Angestellten in ihrem Büro aufsuchen, um ihnen gute Nachrichten zu überbringen, sie aber in ihr Büro bestellen, um sie zu tadeln?

Wir fühlen uns in unserem Territorium immer wohler, egal ob das unser Zuhause oder unser Büro ist. Ihr Gesprächspartner wird in seinem Territorium weniger in Verteidigungsstellung sein. Dahingegen haben Sie die Situation in Ihrem Territorium besser im Griff. Was ist wichtiger? Ist es nicht meistens wichtiger, dass der Gesprächspartner sich wohl fühlt und nicht in Verteidigungsstellung geht? Überlassen Sie ihm also die Wahl des Ortes, entweder bei ihm, in seinem Büro oder an einem öffentlichen Ort. Neutrale Orte geben dem anderen die Möglichkeit, sich genauso wohl zu fühlen wie Sie. Bevorzugte Orte sind wie eine Erweiterung unseres Territoriums. Ihr Gesprächspartner hat sicherlich ein Lieblingscafé oder -restaurant. Vergewissern Sie sich, dass es nicht zu laut ist, wenn das Treffen an einem öffentlichen Ort stattfinden soll. Wenn es ein Ort ist, an dem Sie Leute kennen, riskieren Sie, unterbrochen zu werden. Warum treffen Sie sich mit der Person nicht in einem Park, wenn es nicht zu kalt ist?

Jede Ablenkung kann eine Unterbrechung sein. Seien Sie sich darüber im Klaren, dass Unterbrechungen für ein bedeutsames und tief gehendes Gespräch tödlich sein können. Richten Sie es wenigstens so ein, dass Sie nicht gestört werden. Wie oft werden wir mitten in einem Gespräch durch das klingelnde Telefon oder einen Piepser unterbrochen? Leider geht die Unterhaltung nie genau da weiter, wo sie unterbrochen wurde. Schalten Sie Radio und Fernseher aus, wenn Sie zu Hause sind. Ablenkungen und Unterbrechungen lassen den Zug der Unterhaltung entgleisen und es ist schwierig, wenn nicht sogar unmöglich, die Waggons wieder auf die Schienen zu heben. Nichts mindert meinen Enthusiasmus mehr als eine Freundin, die ans Telefon geht, während ich ihr mein Herz ausschütte. Wenn eine Unterhaltung für Sie wichtig ist, sollten Sie für andere unerreichbar sein! Und wenn Sie einen wichtigen Anruf erwarten, nun gut! Dann ist das eben nicht der passende Augenblick für eine bedeutende Unterhaltung. Setzen Sie Prioritäten, konzentrieren Sie sich auf Ihren Gesprächspartner und vergessen Sie die anderen. Wozu gibt es denn sonst die Anrufbeantworter?

In allen Fällen sollte eine Vertrauensbasis bestehen, wenn Sie auf die Aufrichtigkeit der Antworten zählen. Sonst könnte es passieren, dass der andere Ihnen etwas sagt, von dem er glaubt, dass Sie es hören wollen, damit Sie ihn in Ruhe lassen, oder dass er sich in sein Schneckenhaus zurückzieht, wenn er sich barsch behandelt fühlt. Manchmal kommt der Gesprächsfluss nicht zustande, weil man ein Detail vergessen hat, das leicht hätte geregelt werden können, wenn man vorher daran gedacht hätte.

Schließlich sollten Sie sich im Voraus einige Fragen überlegen. Das ermöglicht Ihnen, sich auf den anderen zu konzentrieren. Sie müssen nicht mehr über Ihre Fragen nachdenken. Ein guter Trick, sich die drängendsten Fragen einzuhämmern, ist, sie aufzuschreiben. Es ist nicht empfehlenswert, sich Ihre Fragen in Anwesenheit des Gesprächspartners noch einmal anzuschauen, aber bei einem formalen Gespräch wie einer Bewerbung können Sie das tun. Und eigentlich gibt es auch in einer privaten Situation kein Gesetz, das einen daran hindert!

Die Kunst, Fragen zu stellen

Damit ein Gespräch richtig gut in Fahrt kommt, sollte man sich aufwärmen, wie man es vor dem Sport tut. Deshalb empfiehlt es sich, vom Allgemeinen zum Besonderen zu wechseln, vom Zwanglosen zum Bedeutsamen, vom Harmlosen zum Persönlichen. Direkt zum Kern einer Sache vorzustoßen kann unangebracht und abrupt wirken, und das auch, wenn das letzte Gespräch intim und tief gehend war. Geizen Sie nicht mit dem Vorgeplänkel: Es kündigt ergiebige Dialoge an, so wie das Vorspiel in der Liebe guten Sex verspricht ...

Als Einstieg ins Thema stellen offene Fragen eine wunderbare Möglichkeit dar. Sie geben dem Gesprächspartner Gelegenheit, in die von ihm gewünschte Richtung zu gehen, und fordern ihn dazu auf, seine Antworten gut zu überlegen. Auch wenn Sie nicht unbedingt die Antwort bekommen, die Sie erwarten, sollten Sie im Geiste alle Informationen, die Sie so erhalten, sammeln. Fragen Sie einen Babysitter zum Beispiel nach seinen Hobbys, wo er sich in zwei Jahren sieht (wenn er als Sekretärin arbeiten will, ist klar, dass Sie nicht lange auf ihn zählen können), warum er sich dafür entschieden hat, mit Kindern zu arbeiten, wie er einen Tag mit Ihren Kindern gestalten würde usw.

Nach einigen offenen Fragen können Sie zu den geschlossenen, mehr zielgerichteten übergehen. Das ist der Moment, in dem Sie Ihren potenziellen Babysitter fragen können, wie lange er das schon macht, was er verlangt, was er den Kindern kochen wird etc. Wenn

Sie Vegetarierin sind, können Sie das gleich zu Beginn sagen oder – besser noch – abwarten, was der Babysitter von vegetarischen Kindern hält. Geschlossene Fragen weisen die Antworten des Gesprächspartners konkreter in eine Richtung. So können Sie Zeit und Energie sparen. Und Sie können sich eher auf die so erhaltenen Antworten verlassen, weil sie präziser sind. Wenn Sie mit jemandem ausgehen wollen, der Sie interessiert, fragen Sie ihn, ob er mit Ihnen ins Kino geht (geschlossene Frage, die auf ein Ja oder Nein hinauswill), statt zu fragen, was er am Wochenende macht (= offene Frage). In gewissen Fällen scheinen geschlossene Fragen sehr inquisitorisch, weshalb es sich empfiehlt, mit offenen Fragen zu beginnen. Wenn Sie Ihren Partner, der zu spät kommt, mit einem „Wo warst du?" begrüßen, riskieren Sie, dass er murrt – insbesondere, wenn Sie in trockenem Tonfall mit ihm reden ... Geschlossene Fragen sind bei Personen notwendig, die sich vor etwas drücken. Vielleicht müssen Sie in Extremfällen konfrontierende Fragen stellen: „Hast du das Geld gestohlen, das auf dem Tresen lag, ja oder nein?" ist ein Beispiel dafür. Den anderen so weit zu bringen, dass er sich verschanzt, sollte nur geschehen, wenn alle anderen Mittel versagen. Das Vertrauen zwischen Ihnen und der Person, die Sie so an die Wand gedrängt haben, wird zerstört sein. Bevor Sie so vorgehen, fragen Sie sich, ob Sie mit dem Schaden klarkommen können, den das Ihrer Beziehung zufügen wird. Die Person, die Sie so befragen, wird Ihnen gegenüber wahrscheinlich Ressentiments verspüren. Wie ein gefangenes Tier kann sie dann zum Angriff übergehen, um sich zu verteidigen. Seien Sie sehr vorsichtig, wenn Sie einen Lügner demaskiert haben und ihn zum Geständnis zwingen wollen. Sie sollten sich darüber im Klaren sein, was Sie da erwirken. Wenn Sie den anderen ungerechtfertigt beschuldigen, kann der Schaden irreparabel sein. Denken Sie vorher daran, damit Sie es nicht hinterher bereuen. Der folgende Fall zeigt die Bedeutung gut durchdachter Fragen.

Der Mann, der Kinder haben will

Renaud ist 42 Jahre alt und war zehn Jahre mit einer Frau zusammen. Die Karriere seiner Expartnerin nahm mehr und mehr Platz ein. So entschloss sie sich, keine Kinder zu bekommen, weil das für sie nicht mit den ständigen berufsbedingten Umzügen vereinbar war. Renaud wuchs auf einem Bauernhof auf. Er wollte immer Kinder und einen naturnahen Lebensraum. So verließ er seine Partnerin 1998, da sie nicht mehr zusammenpassten. Im Sommer 2002 gab er im Internet eine Bekanntschaftsanzeige auf. Die meisten Frauen, die er kennen lernte, fanden ihn zu alt. Die, die ihn interessierten, waren um die 30. Beim ersten Treffen stellte er geschlossene Fragen wie: „Willst du Kinder?" Natürlich ist so eine Frage beim ersten Gespräch einschüchternd und er erhielt abweisende Reaktionen. Aber da Familie für ihn so wichtig war, stellte er fest, dass er die Frauen fragen musste, wie sie sich und ihre Situation einschätzten. Eines Tages wurde ihm klar, dass er offene Fragen wie: „Wo siehst du dich in fünf Jahren?" bevorzugen musste, da sie der Entwicklung der Antwort freien Lauf ließen und sie nicht beeinflussten. Wenn die Frau sich verheiratet und mit zwei Kindern sah, auf dem Land mit einem Hund, wusste er sofort, dass sie zu ihm passen würde. Wenn er zu einer Frau sagte: „Kinder sind sehr wichtig für mich, und für dich?", konnte er bestenfalls eine partielle Antwort erhalten, schlimmstenfalls jedoch eine unehrliche. Eine Frau kann zum Beispiel folgendermaßen antworten: Für sie seien Kinder vielleicht wichtig – aber die der anderen ... Solche wolle sie nicht haben! Oder eine andere möchte vielleicht welche, aber erst in zehn Jahren ... Eine dritte möchte unter Umständen welche adoptieren, um ihre Wespentaille nicht zu verlieren. Eine vierte möchte Kinder, will aber in der Stadt wohnen und eine Tagesmutter engagieren, die sich um sie kümmert. Indem Renaud eine offene Frage stellt, kann seine Gesprächspartnerin auf freiem Feld darstellen, was sie möchte. Und er kann sehen, ob das zu seinen

Erwartungen und Bedürfnissen passt, statt noch eine Enttäuschung zu erleben, weil er ihre Antworten beeinflusst hat.

Lernen Sie, den Antworten zuzuhören

Es bringt gar nichts, wenn Sie sich gut vorbereiten und die richtigen Fragen stellen, wenn Sie den Antworten nicht zuhören. Außer wenn wir taub sind, können wir alle hören, aber die wenigsten von uns beherrschen die Kunst des Zuhörens. Sagen wir es ganz offen: Es ist schwierig, dem anderen zuzuhören. Aber es ist nicht unmöglich. Fremden hören wir aufmerksamer zu als unserem Partner und Freunden oder Verwandten. Sobald wir meinen, jemanden zu kennen, stellen wir ihm keine bedeutenden Fragen mehr und sind nicht mehr offen für das, was er sagt. Vor allem in Familien und in der Ehe ist das der Fall. Der Kanal der Kommunikation verschließt sich schnell, wenn man nicht mehr richtig Ohr ist. Allzu oft treten Anschuldigungen, Verurteilungen und Zankereien an die Stelle des Zuhörens und des Verständnisses. Je mehr Sie von Ihren eigenen Sorgen in Anspruch genommen sind, desto weniger können Sie wirklich dem anderen zuhören. Sie hören seine Worte, begreifen aber den Sinn dahinter nicht. Wir können nicht zuhören, wenn wir dabei schon an unsere nächste Antwort denken ...

Wenn wir den anderen unterbrechen, haben wir ihm nicht zugehört. Nach Jo-Ellan Dimitrius bringen Sie den anderen zum Entgleisen, wenn Sie ihn unterbrechen. In der Zeit, bis er sich wieder gefangen hat, können Rhythmus und Spontaneität der Unterhaltung für immer dahin sein. Nach einer Gallup-Umfrage über die Gewohnheiten der Konversation sehen 88 Prozent der Menschen eine Unterbrechung als ärgerlichste Angewohnheit an. Dem anderen das Wort abschneiden zeigt klar, dass man nicht daran interessiert ist, ihm zuzuhören, sondern sich darüber Gedanken macht, wie man dazwischenfahren kann. Achten Sie auch auf die nonverbale Sprache.

Selbst wenn Sie der Versuchung widerstehen, Ihrem Gesprächspartner ins Wort zu fallen, könnte Ihr Körper Ihre Ungeduld verraten. Eine Geste, ein Gesichtsausdruck, ein Wegsehen kann eindeutig zeigen, dass Sie nicht mehr zuhören. Es besteht die Gefahr, dass Ihr Gesprächspartner aufhört zu sprechen. Wozu reden, wenn einem niemand zuhört? Wenn Sie so tun, als ob Sie das gar nicht mitbekommen, können Sie davon profitieren, um Ihrerseits zu reden, aber der andere wird Ihnen nicht mehr zuhören. Allzu oft erleben wir diese Dialoge von „Tauben“, die unser Gefühl der Einsamkeit verstärken. Es ist also besser, allein zu sein und sich selbst zuzuhören …

Machen Sie sich nicht zu viel daraus, denn Sie könnten den guten Verlauf des Gesprächs auch anders zerstören. Zwar lässt eine Unterbrechung die Unterhaltung entgleisen, aber zu viel Mitgefühl und Intensität beim Zuhören führen dazu, dass Ihr Gesprächspartner sich schlecht fühlt. Nehmen Sie am Gespräch teil, aber moderat. Es ist sehr störend, starr und intensiv angesehen zu werden. Manche Personen blicken uns immer mit großem Mitgefühl an, egal ob wir ihnen erzählen, wie wir uns als Kinder gebalgt haben, dass uns ein Nagel abgebrochen oder uns ein neues Rezept missglückt ist! Unangebrachtes Mitgefühl oder eine zu große Intensität wirkt unehrlich und weist Leute zurück.

Wenn Sie wollen, dass man sich Ihnen nicht mehr anvertraut, müssen Sie herablassend sein, den anderen verurteilen und Streit mit ihm anfangen. Sie werden erleben, wie er sich wie eine Auster verschließt. Wenn ein Kind enttäuscht ist, weil es eine schlechte Note bekommen hat, braucht es nicht auch noch seine Mutter ständig wiederholen hören: „Ich habe dir gesagt, dass du lernen sollst!“ Das Kind ist in der Lage, seine eigenen Schlüsse zu ziehen. Die Demütigung ist schon groß genug. Beruhigende Sätze wie: „Sei nicht zu hart zu dir, das passiert jedem einmal“, oder einfach nur: „Du bist enttäuscht, nicht wahr?“, genügen. Der Elternteil, der es nicht lassen kann, eine moralische Lektion zu erteilen, kann das machen, nachdem das Kind seine Enttäuschung oder Frustration abgelassen hat. Um jemanden dazu zu bringen, mit Ihnen zu reden, sollten Sie der Versuchung widerstehen, von ihm Besitz zu ergreifen, ihn zu korrigieren, zu verurteilen, ihm ins Gewissen zu reden, ihn zu erniedrigen oder sich an seinem Pech zu freuen. Der Preis dafür, ein Gefühl der Überlegenheit zu verspüren, ist die Sabotage der Kommunikation. Es ist nicht erstaunlich, dass die anderen schmollen oder sich zurückziehen, wenn wir uns so verhalten. Außerdem vergiften wir die Reaktion des anderen, wenn wir das tun, und verfälschen so die Kommunikationscodes.

Um die Menschen in Ihrer nächsten Nähe dazu zu bewegen, sich Ihnen zu öffnen und frei zu sprechen, müssen auch Sie sich öffnen. Glauben Sie nicht, dass Sie Informationen über die anderen auflesen können, wenn Sie nichts zurückgeben – es sei denn, Sie sind Polizist und müssen Verdächtige verhören, und sogar hier: Auch Arbeitgeber erzählen bei Vorstellungsgesprächen von ihren Anforderungen oder von der Firma. Erzählen Sie von sich, damit die anderen Ihnen vertrauen und dann auch etwas preisgeben. Vermeiden Sie es, zwischen sich und dem anderen Hindernisse aufzubauen. Sie haben es nicht nötig, sich bei Vorstellungsgesprächen hinter Ihrem Schreibtisch zu verschanzen, um die Bewerber zu befragen. Sie werden Ihnen dann nicht vertrauen und sich, solange dieses Hindernis besteht, nicht öffnen. Versuchen Sie nicht, den anderen mit Ihrer Körpersprache zu manipulieren, wenn Sie sich auf seine Antworten verlassen wollen. Es ist einfach, mit Kopfnicken und ermutigendem Lächeln Zustimmung auszudrücken und so den Gesprächspartner zum Reden zu bewegen. Ebenso können Sie mit Ihrem Körper anzeigen, dass die Antwort nichts wert ist. Da der Wunsch, zu gefallen, bei den meisten Leuten groß ist, wird Ihr Gesprächspartner sich an Ihre nonverbale Sprache anpassen, um Ihnen das zu sagen, was Ihnen gefällt – auch wenn das nicht ganz dem entspricht, was er denkt. Kontrollieren Sie Ihren Körper, wenn Sie die Wahrheit wissen wollen, um zu vermeiden, dass er „richtige Antwort“ oder „falsche Antwort“ signalisiert, während Sie zuhören.

Alarmsignale des Lügners

Lügner verraten sich oft durch harmlose, aber aufschlussreiche Zeichen. Das ist bei persönlichen Informationen der Fall, die sie uns ungefragt übermitteln, bei langen Antworten mit zu vielen Details oder im Gegenteil, bei zu kurzen Antworten, bei als Antworten getarnten Fragen, bei Humor, der ihre wahren Gefühle zeigt, und bei Aufrichtigkeitsbezeugungen, die Misstrauen einschläfern und uns ihren Schwindel schlukken lassen wollen.

Die „kostenlose" Information

Wenn Ihnen jemand grundlos eine Information erteilt, sollten Sie sich immer fragen, warum er das tut. Oft dient das dazu, etwas anderes zu verbergen, das er nicht verraten will. Spontan übermittelte persönliche Informationen sind oft ungenau oder übertrieben. Diese sich selbst offenbarenden Aussagen sind wie Neonreklamen, die Ihre Aufmerksamkeit auf sich ziehen sollen. Wenn Ihnen jemand geradeheraus sagt, dass er sportlich, geschickt oder religiös ist, fragen Sie sich, was dahintersteckt, anstatt der Person das einfach so abzukaufen. Was für ein Interesse hat sie daran, Sie glauben zu machen, sie sei dieses oder jenes?

Der Fall des baggernden Mannes

Ich war in meinem Viertel am Zeitungskiosk. Ein Mann wollte eine Zeitschrift kaufen, auf deren erster Seite Anna Kournikova zu sehen war, die russische Tennisspielerin, die in den Medien so viel Aufmerksamkeit erhält. Ich konnte es mir nicht verkneifen, den Verkäufer und den Kunden zu fragen, was die Männer an dieser Spielerin finden konnten, die nie irgendetwas gewonnen hat, in den Medien jedoch genauso viel, wenn nicht mehr Aufmerksamkeit bekommt als die Gewinnerinnen. Die zwei Männer behaupteten kategorisch, sich nicht von ihr angezogen zu fühlen. Der Kunde sagte, er sei Organisator von Single-Abenden und dass mein origineller Typ (ich trug einen korallenroten Mantel!) ihn mehr interessiere als die kühle Schönheit einer Kournikova. Gut zehn Minuten diskutierten wir vor dem Laden und er erwähnte drei Mal, dass er seit seinem 18. Lebensjahr ehrenamtlich tätig sei. Ich zweifelte nicht daran, fragte mich aber, warum er so darauf beharrte, wo ich ihn doch gar nichts gefragt hatte. Indem ich ihm Fragen stellte, fand ich heraus, dass er Hausmeister war, was er mir verheimlicht hatte. Ich begriff, dass er sich nicht mit seiner Arbeit identifizierte, sondern mit seiner ehrenamtlichen Tätigkeit. Um den Frauen zu gefallen und seinen beruflichen Status zu verheimlichen, der nach gesellschaftlichen Normen wenig großartig ist, betonte er seine Gutherzigkeit. Das war seine Art, einer eventuellen negativen Reaktion bei Erwähnung seines wirklichen Berufs Kontra zu geben.

Der Humor

Humor dient auch dazu, ein heikles Thema zu vermeiden. Wenn ich gestresst bin und einen Abgabetermin habe, den ich noch einmal verschieben muss, und Freundinnen fragen mich: „Wie wirst du das machen?“, antworte ich gern: „Ich werde mein Bestes tun!“ Oder: „Das kriege ich schon hin!“ Diese Antworten bringen meine Freundinnen zum Lächeln und beenden das Thema, wenn ich nicht in Stimmung bin, mich darüber auszulassen, wie ich mich wirklich fühle, oder wenn ich der Situation ihre Dramatik nehmen will. Oft bedienen wir uns des Humors, um unsere wahren Gefühle zu verbergen. Hat man schon einmal Ihr Gewicht oder Ihre schlechten Angewohnheiten kommentiert und dann sogleich, bei Ihrer gekränkten Reaktion, hinterhergeschoben: „War nur ein Scherz!“ oder „Das sollte witzig sein ...“? Lachen Sie gezwungen, wenn man Sie so ärgert? Es steckt immer ein

Quäntchen Wahrheit in dieser Art zweifelhafter Scherze. Dieser Typ Humor dient dazu, bittere Bemerkungen abzumildern. Anstatt den anderen direkt vorzuwerfen, was einen stört, haben sich viele Leute angewöhnt, ihre Botschaft in Humor einzukleiden. Der wahre Humor bringt jeden zum Lachen. Wenn Sie sich nach einem Scherz verurteilt, herabgewürdigt oder erniedrigt fühlen, ist das nicht komisch. Wenn man Sie dann mit den Worten „nur ein Witz" beruhigen will, können Sie davon ausgehen, dass die Person jedes Wort meint, das sie gesagt hat. Die lockere Art ermöglicht ihr, sich vor den Konsequenzen ihrer herabwürdigenden Worte zu drücken: Ihrer defensiven Reaktion. Das Schlimmste an diesen falschen Scherzen ist, dass man so tun muss, als ob man lacht, um nicht als humorlos zu gelten. Wenn Sie regelmäßig in dieser Situation sind, halten Sie sich in einem giftigen Milieu auf, in dem die Wahrheit in bitteren und verletzenden, als Humor verkleideten Bemerkungen verpackt ist. Machen Sie die Unterscheidung! Ironie und Sarkasmus sind kein Humor. Das sind umgeleitete und unaufrichtige Methoden, andere zu erniedrigen. Die versteckte Bedeutung dieser sarkastischen Bemerkungen ist: „Achtung, ich beiße!" Wirklicher Ulk macht Spaß und bringt einen zum Lachen. Was sich neckt, das liebt sich. Das stimmt. Aber wenn Ihnen jemand diese Antwort gibt, sollten Sie sich fragen, ob er Sie wirklich liebt. Was abgesehen von diesen Neckereien weist auf seine Zuneigung hin? Wenn Ihnen nichts einfällt, heißt das, dass diese Person Sie wahrscheinlich nicht so liebt, wie sie behauptet.

Die langen Antworten

Manchmal benutzen Lügner lange Antworten, um die Wahrheit zu verbergen oder zu verformen. Lange und detaillierte Entschuldigungen sind eine Defensivreaktion. Leute, die zu spät kommen, machen oft davon Gebrauch, übertreiben die Gründe ihres Zuspätkommens und erklären zu leidenschaftlich und mit zu vielen unwichtigen Details.

Fragen Sie sich, ob diese wortreichen Antworten den Umständen angemessen sind. Lügner neigen dazu, absichtlich Umwege zu nehmen, wenn sie ein Thema vermeiden wollen. Ein Trick, um herauszufinden, ob das der Fall ist: Entfernen Sie sich vom heiklen Thema und kommen Sie erst darauf zurück, wenn Ihr Gesprächspartner ganz entspannt ist. Wenn er das Thema immer noch vermeidet, wissen Sie, dass das beabsichtigt ist.

Lapidare Antworten

Sehr kurze Antworten können in gewissen Fällen ein Alarmsignal sein. Es ist gut möglich, dass die Person Ihnen das sagt, was Sie hören wollen, damit Sie sie mit Ihren Fragen in Ruhe lassen! Sie wird so wenig wie möglich sagen, weil sie die Details nicht kennt. Sie lügt ganz einfach. Der Chef fragt beispielsweise seine Angestellte, ob sie den Bericht fertig gestellt hat. Sie antwortet „Ja" und beeilt sich, ihm eine Frage über die nächste Sitzung zu stellen. So greift sie nicht nur auf ein Ablenkungsmanöver zurück, sondern belügt ihn auch, da sie den Bericht nicht fertig hat. Sie sagt sich, dass ihr Boss es nicht erfahren wird, weil sie den Bericht am Abend vollenden und ihm am nächsten Morgen vorlegen will. Wer hat so etwas noch nie getan?

Eine Frage mit einer Gegenfrage beantworten

Wenn wir auf eine Frage mit einer Gegenfrage reagieren, wollen wir nicht antworten. Wenn mich jemand, den ich gerade erst kennen gelernt habe, nach meinem Alter fragt, kann es gut sein, dass ich antworte: „Warum wollen Sie das wissen?" Wenn wir mit einer Frage antworten, heißt das, dass wir nicht auf den anderen zugehen und uns nicht in etwas verwickeln lassen wollen. Die Ablehnung, auf direkte Fragen zu antworten, ermöglicht uns, Peinlichkeiten oder Konflikten vorzubeugen, die auftreten könnten, wenn wir die Wahrheit sagten.

Vielleicht will Ihr Gesprächspartner nicht riskieren, Ihnen zu missfallen, wenn er eine Antwort gibt, die Ihren Erwartungen nicht entspricht. Wenn man Sie zum Beispiel nach Ihrer politischen oder sexuellen Orientierung fragt, würden Sie wahrscheinlich gern die Ihres Gesprächspartners kennen, um nichts Falsches zu sagen. In diesem Fall ist es verständlich, wenn Sie mit einer Gegenfrage antworten. Die Ablehnung, intime Fragen zu beantworten, macht uns nicht zu Lügnern! Dagegen ist es gut möglich, dass jemand etwas verbergen will, wenn er häufig so antwortet. Es hat etwas zu bedeuten, mit Fragen zu entgegnen. Denken Sie über den Gesprächspartner nach, der oft so antwortet.

Es kann auch sein, dass allzu inquisitorische Fragen Gegenfragen auslösen. Direkt etwas Persönliches gefragt zu werden wird oft als unhöflich und gewaltsam angesehen. Niemand möchte den Eindruck haben, verhört zu werden. In diesem Fall ist es die Art der indiskreten Person, die dazu führt, dass Sie Ihr Verhalten ändern. Erinnern Sie sich an die entsprechende Regel von Walters …

Aufrichtigkeitsbezeugungen

Das Thema Aufrichtigkeit taucht regelmäßig in Gesprächen von Lügnern auf, die wollen, dass man ihre Lügen glaubt. Misstrauen Sie Leuten, die ihre Reden mit Ausdrücken wie „Das ist die Wahrheit", „Wenn ich es dir doch sage" oder „Ich würde dich doch nicht anlügen" etc. spicken. Warum sollte man die Aufmerksamkeit auf die Wahrheit lenken, wenn man offen und ohne zu lügen spricht? Aufrichtigkeitsbezeugungen sollten Sie aufhorchen lassen. Gute Beispiele dafür gibt es in den Filmen *Jakob der Lügner* und *Der Dummschwätzer* mit Jim Carrey.

In *Othello* hat Shakespeare wunderbar gezeigt, dass manche Lügner ihre Umgebung lähmen, indem sie sie ihrer so genannten Ehrlichkeit versichern. Jago, Othellos falscher Freund, verbringt seine Zeit damit, Komplotte zu schmieden und mit seinen zahlreichen Lügen Zwietracht zu säen. Nun glaubt jeder, dass er unfehlbar aufrichtig sei. Er gibt sich als Freund aus, macht sich zum Vertrauten der anderen, um sie besser verraten zu können. Er erklärt Cassio seine „sehr aufrichtige Zuneigung". Nachdem er Rodrigo verraten hat, besitzt er die Kühnheit, ihm zu sagen: „Ich kann schwören, dass ich meine Loyalität dir gegenüber bewiesen habe." Othello, den er hasst, erklärt er: „Mein Herr, Sie kennen meine Freundschaft." Othello sieht darin nur Eifer. Der Lügner Jago übersät seine Reden mit Hinweisen auf seine vorgegebene Ehrlichkeit: „Nach bestem Wissen eines ehrlichen Mannes", „Das bezeuge ich Ihnen aufrichtig". Wenn seine Lügen andere verletzen und sie darauf reagieren, tut er so, als würde er seine Aufrichtigkeit bedauern: „Es ist gefährlich, loyal und ehrlich zu sein", sagt er, nachdem er in Othello die Zweifel an der Treue seiner neuen Gattin Desdemona gesät hat. Als er den tobenden Othello sieht, fügt der perfide Jago hinzu: „Dumme Aufrichtigkeit." Desdemona vertraut sich Jago an, weil sie weiß, dass die Verdächtigungen ihres Mannes ihn beunruhigen, und weil sie unschuldig ist. Jago beruhigt sie mit den Worten: „Es sind Staatsangelegenheiten, die meinem Herrn Kummer machen." Desdemona erwidert: „Wenn es nur das wäre." Jago sagt: „Es ist nur das, glauben Sie mir." Da sie so skeptisch ist, fügt er hinzu: „Ich schwöre es Ihnen", obwohl er genau weiß, dass er die Ursache von Othellos Kummer ist.

Wie Jago es selbst zu Beginn des Stückes abseits von den anderen sagt: „Ich scheine, aber ich bin nicht das, was ich scheine." Mit seinen wiederholten Aufrichtigkeitsbezeugungen gelingt es ihm, alle irrezuführen und sich einen Ruf als ehrlicher Mann zu machen, während er in Wirklichkeit die niederträchtige zerstörerische Lüge verkörpert. Niemand denkt an die Möglichkeit, dass Jago ihn täuschen könnte – schließlich nennt man ihn doch den „aufrichtigen Jago". Aber das in Jago gesetzte Vertrauen führt viele Personen in die Niederlage. Wenn Sie das Stück nicht lesen wollen oder nicht die Möglichkeit haben, es im Theater zu sehen, lege ich Ihnen nachdrücklich ans Herz, sich den Film *Othello* anzusehen, um diesen Mechanismus am Werk zu sehen.

Taten lügen nicht

Wir können mit Worten lügen, aber unsere Taten lügen nicht. Wenn jemand etwas behauptet, sollten Sie das nicht alles glauben. Verlassen Sie sich mehr auf seine Taten als auf seine Worte. „Es ist illusorisch, mit einem Lügner einen echten Dialog zu führen (...) Lernen Sie, Widersprüche zwischen seinen *Worten* und seinen *Taten* zu entdecken.“ [43] Hier nun einige Beispiele, um Sie aufmerksam zu machen.

Unehrliche Personen tun alles, um in Ihren Augen aufrichtig zu wirken, aber sie bemühen sich nicht, ihre Unaufrichtigkeit bei anderen zu vertuschen. Sagen Sie sich, dass, wenn eine Person bei anderen unaufrichtig ist, sie es auch bei Ihnen ist. Legen Sie sich auf die Lauer! Behält sie das Geld, das ihr an der Kasse zu viel herausgegeben wird? Lässt sie sich am Telefon von anderen verleugnen? Macht sie falsche Angaben in ihrer Steuererklärung? Schwört sie vor Gericht Meineide? Es ist richtig, dass Leute unterschiedlich aufrichtig sind, je nachdem, mit welchen Personen und Organisationen sie zu tun haben, aber die Aufrichtigkeit beweist sich so oder so. Wenn jemand über andere lästert, können Sie davon ausgehen, dass er auch über Sie schlecht redet, auch wenn er das Gegenteil schwört.

Ein potenzieller Teilhaber behauptet: „Ich bin gut organisiert und arbeite effektiv.“ In seinem Büro herrscht jedoch das totale Chaos. Fragen Sie ihn, ob er leicht seine Unterlagen findet. Geben Sie ihm Gelegenheit, seine Aussage zu beweisen. Wenn er alles findet, ist sein Chaos organisiert und er ist trotz des gegenteiligen Anscheins effek-

---

43 Isabelle Nazare-Aga: *Les manipulateurs et l'amour.* Les Éditions de l'Homme, Montreal 2000, S. 56. (Deutsche Übersetzung: *Manipulation in der Liebe. Wie Sie sie erkennen und sich vor ihr schützen.* mvgVerlag, München 2002).

tiv. Wenn nicht, lügt er. In den meisten Fällen sind Menschen mit unordentlichen Büros schlampig und schlecht organisiert.

Ihr neuer Lover sagt Ihnen, dass er an Ihnen hängen würde. Stimmt das wirklich? Ich sage es noch einmal: Taten sagen mehr als Worte. Wenn Sie ihm eine Nachricht hinterlassen, ruft er Sie schnell zurück? Rafft er sich auf, Sie zu besuchen, oder müssen Sie immer zu ihm kommen, wenn Sie ihn sehen wollen? Bietet er Ihnen seine Hilfe an, wenn Sie krank sind, und zwar nicht nur, indem er sich vergewissert, dass Sie Medikamente und Hühnersuppe auf Lager haben?

Es heißt, dass man bei Unglücken entdecken würde, wer die wahren Freunde sind. Wie verhalten sich Ihre Freunde, wenn Sie trauern, krank werden, einen Unfall haben oder entlassen werden? Viele Leute fühlen sich angesichts solcher Situationen unwohl. Ihre Handlungen, wenn sie auch klein sind, sagen mehr als Worte darüber aus, was sie für Sie empfinden. Wenn Sie nicht wissen, was Sie einem Sterbenden sagen sollen, sagen Sie eben gar nichts, aber halten Sie wenigstens seine Hand. Das ist wahrscheinlich der Trost, den er braucht. Diese Geste ist mehr wert als tausend Worte ...

Fazit

Ich weiß, dass ich, nachdem ich mich entschlossen habe, die Wahrheit zu sagen, wenig sagen werde.
Jules Renard

Die Wahrheit über die Lüge ist, dass sie überall ist und oft das Gesicht der Wahrheit annimmt. Die Wahrheit ist, dass jeder lügt. Manche lügen mehr als andere. Sie nennt man „Lügner“. Die Wahrheit ist, dass in jedem von uns ein Lügner steckt.

Die Wahrheit ist, dass wir lügen, weil wir Angst davor haben, zurückgewiesen zu werden, wenn wir ehrlich sind. Wir trauen uns nicht, unsere Gedanken zu enthüllen. Wir glauben, dass die anderen uns nicht mögen, wenn sie unser wahres Antlitz kennen. Wir tragen eine Maske, die sorgfältig unser wahres Ich verschleiert. Manchmal wissen wir gar nicht mehr, wer wir sind, weil wir uns verkleiden, vorgeben, jemand anders zu sein, lügen. Die Wahrheit ist, dass wir lügen, weil wir dafür bestraft wurden, die Wahrheit gesagt zu haben. Die Wahrheit ist, dass wir allzu oft die Leute zwingen, uns zu belügen, weil wir ihnen Szenen machen, wenn sie uns die Wahrheit sagen.

Die Wahrheit ist, dass wir lügen, um uns zu schützen. Wir lügen, um unsere und die Interessen der anderen zu schützen. Wir lügen, um unser kostbares Bild von uns zu schützen. Wir lügen, um die Sensibilität und das Ego der anderen zu schützen. Die Wahrheit ist, dass wir auch lügen, um uns aufzuwerten. Wir lügen, um Eindruck zu schinden, um Mitleid zu erregen, um zu verführen und um den anderen herabzuwürdigen.

Die Wahrheit ist, dass der Körper nicht lügt, auch wenn es geübten Lügnern gelingt, ihn gut zu kontrollieren. Wir besitzen alle einen inneren „Lügendetektor“. Es genügt, die anderen besser zu beobachten, sich die Zeit zu nehmen, sie anzusehen und ihnen zuzuhören. Die

Wahrheit ist, dass die Worte einer ehrlichen Person im Einklang mit ihrem Körper, ihrem Gesicht und ihrer Stimme sind.

Die Wahrheit ist, dass die Lüge uns manchmal mehr gelegen kommt als die Wahrheit. Die traurige Wahrheit ist, dass die meisten Leute ihre Illusionen der Realität vorziehen, die Lüge der Wahrheit. Die Wahrheit ist, dass wir vor allem uns selbst belügen.

Anhang

Liste von Filmen über die Lüge[44]

About Adam, Gerard Stembridge, USA 2000
Dancer in the Dark, Lars von Trier, Dänemark 2000
Jakob der Lügner, Frank Beyer, Deutschland 1977 (Anm. d. Übers.: Hierzu gibt es auch eine US-Verfilmung mit Robin Williams aus dem Jahre 1999.)
La vérité si je mens 1 + 2, Thomas Gilou, Frankreich 1997, 2002
Le corbeau, Henri-Georges Clouzot, Frankreich 1943
Dekalog Nr.8, Krysztof Kieslowski, Polen 1989
Im Netz der Lügen, Bradford May, USA 1992
Bittere Wahrheit, François Margolin, Frankreich 1992
Der Dummschwätzer, Tom Shadyak, USA 1997
Othello, Oliver Parker, USA 1995
Partir, revenir, Claude Lelouch, Frankreich 1985
Pinocchio, Walt Disney, USA 1943
True Lies, James Cameron, USA 1994
Big Fat Liar, Shawn Levy, USA 2002
Sex, Lügen und Video, Steven Soderbergh, USA 1989
Das Leben ist schön, Roberto Benigni, Italien 1997
Pinocchio, Roberto Benigni, Italien 2002
L'adversaire, Nicole Garcia, Frankreich 2002
Auszeit, Laurent Cantet, Frankreich 2002

---

44 Vielen Dank an Daniel Gauvin, Bibliothekar und Kinoliebhaber aus Montréal, für seine zehn Filmvorschläge zum Thema Lüge.

Literaturliste[45]

Romane und Novellen

Carrère, Emmanuel: *Amok*. Fischer, Frankfurt am Main 2003

Gervais, Jean: *Les mensonges de Dominique*. Boréal, Montréal 1991

Hauptmann, Gaby: *Die Lüge im Bett*. Piper, München 2002

Nicklès, Sara: *Lying, Cheating & Stealing: Great writers on getting what you want when you want it*. Chronicle Books, San Francisco 1997

Scott, Lisa: *Und wenn du nicht die Wahrheit sprichst*. Blanvalet 2001

Essays

Dimitrius, Jo-Ellan und Mazzarella, Mark: *Reading People: how to Understand People and Predict their Behaviour – Anytime, Anyplace*. Ballantine Books, New York 1999

Glass, Lillian: *Je sais ce que tu penses*. Les Éditions de l'Homme, Montréal 2003

Gervais, Jean: *Le mensonge de l'enfant dans une perspective multidisciplinaire*. Revue Canadienne de psycho-éducation, Vol. 21, Nr. 1, S. 45–67

Goffman, Erving: *La mise en scéne de la vie quotidienne 1: la présentation de soi*. Paris, Les Éditions de Minuit 1973

Miquel, Pierre: *Les mensonges de l'histoire*. France Loisirs, Paris 2002

Morris, Desmond: *Man Watching: A Field Guide to Human Behavior*. Harry N. Abrams, Inc., Publishers, New York 1977

Pease, Allan: *Interpréter les gestes, les mimiques, les attitudes*

45 Diese Literaturliste präsentiert Werke, die erwähnt werden, aus denen aber nicht zitiert wird. Sie ergänzt die Fußnoten.

pour comprendre les autres ... et ne pas se trahir. Nathan, coll. Marabout, Paris 1988

Turchet, Philippe: *La synergologie: pour comprendre son interlocuteur à travers sa gestuelle.* Les Éditions de l'Homme, Montréal 2000

Walters, Stan B.: *Der kleine Lügendetektor. So erkennen Sie Unwahrheiten und lassen sich nicht täuschen.* mvgVerlag, München 2002

Von derselben Autorin

Cyr, Marie-France: *Jetzt sag schon, was los ist!* mvgVerlag, München 2002

Kontakt zur Autorin

Wenn Sie Anregungen, Fragen oder Kommentare haben, senden Sie einfach ein E-Mail an:
mfcyr@sympatico.ca.

Sie können auch ihre Internetseite besuchen, um Termine ihrer Workshops und Seminare zu finden oder sich über ihre Veröffentlichungen auf dem Laufenden zu halten:
http://www3.sympatico.ca/mfcyr. Sie müssen die ganze Adresse eingeben, nicht das übliche vorangestellte „www". Die Autorin hat auch eine Seite namens www.alchymed.com.

Ihre bekanntesten Workshops und Seminare sind: „Wie man die Kommunikation mit einem Schmoller wiederherstellt", „Werden Sie ein Detektiv der menschlichen Lüge", „Das Bild der Frau und des Paares in den Medien" sowie „Eine Überdosis freigesetzter Kreativität".

Stichwortverzeichnis

I

J

K

L

M

N

O

P

R

S

T

U

V

W

Z